中国教育三十人论坛丛书
Books of China Education 30 Forum

# 教育高质量发展

杨东平　张志勇　马国川 | 主编

JIAOYU GAOZHILIANG FAZHAN

山西出版传媒集团　山西教育出版社
·太原·

**图书在版编目（CIP）数据**

教育高质量发展 / 杨东平，张志勇，马国川主编. 太原 ：山西教育出版社，2024. 11. --（中国教育三十人论坛丛书 / 朱永新主编）. -- ISBN 978-7-5703-4138-2

Ⅰ. G52

中国国家版本馆 CIP 数据核字第 2024TN8466 号

**教育高质量发展**

JIAOYU GAOZHILIANG FAZHAN

**责任编辑** 任小明
**复　　审** 郭志强
**终　　审** 康　健
**装帧设计** 王耀斌
**印装监制** 蔡　洁

**出版发行** 山西出版传媒集团・山西教育出版社
（太原市水西门街馒头巷 7 号　电话：0351-4729801　邮编：030002）
**印　　装** 山西新华印业有限公司
**开　　本** 710×1000　1/16
**印　　张** 15.75
**字　　数** 214 千字
**版　　次** 2024 年 11 月第 1 版　2024 年 11 月山西第 1 次印刷
**书　　号** ISBN 978-7-5703-4138-2
**定　　价** 60.00 元

# 前言

2023年12月8日至10日，主题为“教育高质量发展”的中国教育三十人论坛第十届年会在北京举行。60余位来自高校、科研院所、地方教育管理、企业和中小学幼儿园的嘉宾在论坛发表演讲。

目前我国已建成世界上规模最大的教育体系，教育普及水平实现历史性跨越。与此同时，今天教育所面临问题的复杂程度和解决问题的艰巨程度明显加大，遵循教育规律，推进高质量发展，成为中国教育发展面临的新课题。为了加快推进教育高质量发展，中国教育三十人论坛第十届年会主题定为“教育高质量发展”。

实现教育高质量发展，就要继续从源头上落实“教育减负”，推动教育评价体系和教育考试制度的改革，利用迅速发展的高科技成果，推动教育变革。同时要改变观念，普及幸福教育等新理念，推动教育治理创新，通过教育资源的均衡化来实现乡村教育振兴。本届年会共有一场主论坛，六场分论坛。其中，8日下午安排的是“生成式人工智能教育变革论坛”，9日安排的是主论坛和“教育源头减负论坛”“教育评价制度改革论坛”，10日安排的是“地方教育治理论坛”“乡村教育振兴论坛”及“幸福教育论坛”。北京师范大学教授、中国教育学会名誉会长、中国教育三十人论坛学术顾问顾明远先生专门为论坛成立十周年题词“跨界交流，百家争鸣”。

本届年会受到了社会的高度关注，共有30余家主流媒体参与报道，腾讯新闻、新浪新闻、搜狐新闻、大众网·海报新闻等平台，以及中国教育三十人论坛、明德云、育见未来EDU、教育思想网、友成基金会等视频号参与直播，累计观看人数达548万人次。

本届年会得到了长期战略合作单位山西教育出版社的支持，得到了中关村互联网教育创新中心、北京乐达教育科技研究院和北京东方红学校的大力支持，在此表示衷心感谢。

“凝聚社会共识，推动教育改革”是中国教育三十人论坛一贯坚守的初心。论坛秘书处将本届年会各位演讲嘉宾的发言精心整理、编辑出版，就是希望为办人民满意的教育凝聚智慧，放大声音，与更多同道中人一起，为中国教育改革发展贡献力量。

中国教育三十人论坛学术委员会

2024年3月1日

# 目　录

## 嘉宾致辞



## 主旨演讲

## 生成式人工智能教育变革论坛



## 教育源头减负论坛



## 教育评价制度改革论坛

## 地方教育治理论坛



## 乡村教育振兴论坛



## 幸福教育论坛

## 附录

# 嘉宾致辞

**汤　敏**

国务院参事
友成企业家乡村发展基金会副理事长
中国教育三十人论坛成员

# 遵循教育规律，推进高质量发展

各位老师，各位来宾，新闻媒体的朋友们：

大家上午好。

今天是中国教育三十人论坛第十届年会，首先，我代表本次活动的主办方中国教育三十人论坛，对大家的到来表示热烈的欢迎！

回想 2014 年我们创办这个论坛，当时的初心就是希望能够汇集富有教育情怀、追求教育梦想的教育家、经济学家、法学家、哲学家等各界人士，共同研究探讨中国教育的重大问题，架设学术与公共政策之间的桥梁，推动中国教育的改革和发展。

九年以来，论坛坚守“凝聚社会共识，推动教育改革”的宗旨，在国内外举办了 60 余场活动。我们结合国家重大教育发展战略，聚焦教育的重点、难点、焦点问题，发出专业、理性、建设的声音，凝聚社会共识，推动教育变革。据论坛秘书处统计的数据，九年以来，共有 1028 位国内外著名专家学者参加过我们组织的活动，其中包括诺贝尔奖获得者 2 名。论坛的总结报告多次得到国务院领导同志的批示，对教育改革产生了积极影响。

今年以来，论坛已经举办了包括第四届“中国丹麦教育论坛”、第六届

“世界教育前沿论坛”、2023中国教育三十人论坛中青年教师发展青岛峰会、首届青少年心理安全论坛、日本教育参访团、杭州云谷教育参访团、区域推进教育数字化战略落地研讨会和“改善县域教育生态”研讨会等12次大型活动。

目前我国已建成世界上规模最大的教育体系，教育普及水平实现历史性跨越。与此同时，今天教育所面临问题的复杂程度和解决问题的艰巨程度明显加大，遵循教育规律，推进高质量发展，成为中国教育发展面临的新课题。为了加快推进教育高质量发展，中国教育三十人论坛将第十届年会主题定为“教育高质量发展”。

本届年会采用线下为主、线下线上结合的方式进行，北京设线下主会场，有七位著名的思想家、教育家、经济学家发表主旨演讲，还有六个专题论坛，分别围绕“生成式人工智能教育变革”“教育源头减负”“教育评价制度改革”“地方教育治理”“乡村教育振兴”和“幸福教育”等话题。共有55位嘉宾聚焦教育高质量发展，智慧碰撞。

本届年会，得到了战略合作单位山西教育出版社的长期支持，协助我们出版了论坛系列丛书19本。本届年会也得到了中关村互联网教育创新中心、北京乐达教科院、北京东方红学校的大力支持。在此，我代表中国教育三十人论坛，向以上合作单位表示衷心感谢！

本届年会，共有30家主流媒体参与报道，腾讯、新浪、搜狐、大众网等平台，中国教育三十人论坛、教育思想网、明德云、一土学校、育见未来EDU、教学研联盟等视频号将直播论坛盛况。在此，向新闻媒体的朋友们和参与直播的单位表示衷心的感谢！

行至半山须努力，中流击水再出发。我们期待，在社会各界的大力支持下，论坛在下一个十年弦歌不辍、砥砺深耕，继续为中国的教育改革建言献策、奉献智慧。

最后，祝愿中国教育三十人论坛第十届年会圆满成功，祝大家身体健康，万事如意！

谢谢大家！

**杨　丹**

中关村互联网教育创新中心主任

# 高质量发展背景下，教育科技实践者的应然之为

很高兴与大家共同迎来中国教育三十人论坛第十届年会！这是一年一度的教育思想盛宴，总是能够直面中国教育高质量发展的现实问题，不回避、讲真话，温暖着每一位教育从业者和家长，每一次召开也都在教育界引起了不小的影响。

当前，我国已建成世界上规模最大的教育体系，教育现代化发展总体水平跨入世界中上国家行列，为教育强国建设打下了坚实的基础。中国教育三十人论坛始终矗立于教育改革的最前线，凝聚社会共识、推动教育改革、引领创新发展，是行业内极具影响力的智库平台。本届年会以“教育高质量发展”为主题，从问题源头、系统观念、实践抓手、应用工具等层面抽丝剥茧，带领我们重新思考当下教育所面临的机遇与挑战。从教育科学的理念角度，为推动教育高质量发展注入新的能量。

党的十八大以来，党中央坚持把教育摆在优先发展战略地位，对教育工作作出加快教育现代化、建设教育强国、办好人民满意的教育、教育科技人才“三位一体”协同融合发展等重大决策部署，赋予了教育在建设中国式现代化征程中的新属性、新价值和新使命。在这个过程中，教育行业要依托自身优势，全面提高站位、拓宽视野、转变理念、聚焦问题，在建设教育强国中着力培养担当民族复兴大任的时代新人。

作为深化教育供给侧结构性改革的关键一环，教育科技在助力扩大优质教育资源供给、参与优化教育资源配置等方面不断贡献智能方案、持续提供创新模式、海量生产数字资源，在协同推进教育高质量建设的结构中占据重要的一席之地。数字教育生态日渐成熟，元宇宙、大模型、生成式人工智能等新一代信息技术场景与教育的结合方兴未艾，高技术加持下的教育创新样态可谓生机勃勃、繁花似锦，持续为教育高质量发展提供源源不断的创新动力。教育科技的研究者、实践者应审时度势，紧紧抓住推进国家教育数字化战略行动契机，充分发挥在机制、研发、技术等领域优势，为教育强国建设贡献智慧力量。在此，我有三点建议：

一是更新教育观念意识。教育目标不仅仅是知识传授，更是在于对人的心灵滋养和精神培育。在推进教育高质量背景下，行业要整体转变教育观：一方面，要针对不同主体、不同学段、不同类型教育特点，改善结果评价，强化过程评价，探索增值评价，健全综合评价，破除唯分数、唯升学倾向，建立多元科学、符合时代要求的教育评价机制；另一方面，要坚持以人为本，关注孩子们在学习成长中的情感需求，从课程设置、教学方法、评价体系等多个方面入手，着力培养他们的创新精神和实践能力，构建增进个人和社会福祉的幸福教育格局。

二是紧抓科教融汇趋势。从党的十八大报告提出“教育是民族振兴和社会进步的基石”，到党的十九大报告指出“建设教育强国是中华民族伟大复兴的基础工程”，再到党的二十大报告强调“教育、科技、人才是全面建设社会主义现代化国家的基础性、战略性支撑”，教育赋能社会生产力、国际竞争力的底蕴效应日益凸显。切实推进科教融汇、实现普惠科学教育，既是新一轮科技革命和产业变革的迫切需要，也将带来教育观念和教学方法创新的转变，是推动教育高质量发展的重要抓手。

三是发挥科技赋能优势。科技发展为教育进步提供了新的手段和提升空间，使教育更高效、更便捷、更普及。推进教育数字化是加快建设教育强国的重要内容，教育行业各领域应发挥各自资源禀赋，遵循“联结为先、内容为本、合作为要”的理念和“应用为王、服务至上、简洁高效、安全运行”的原则，积极布局大数据、5G应用、人工智能、元宇宙等技术在教育场景中的应用，以科技手段提升教学效率和学习体验，促进教育资源优质均衡发展，推动教育协同合作机制创新。

中关村互联网教育创新中心是支持教育创新创业的生态服务平台，始终积极探索并推动教育高质量发展，搭建基于“教育+科技”的政产学研用平台，探索并引领教育创新发展的新途径和新模式。作为中国教育三十人论坛的长期战略合作伙伴，我中心在未来将继续依托论坛的教育智库力量，发挥自身资源整合、项目转化优势，为推动教育先进理念交流、教育创新成果落地贡献力量。

**付彦军**

北京市昌平区东方红学校校长

# 用爱和尊重给孩子和家长创造价值

我简单介绍一下我自己。2008 年，我在新华社实习，后来又加入了国家开放大学《远程教育》杂志社，担任记者、编辑和研究员。2012 年，我加入了《人民政协报》，报道了数年的教育新闻。当我成为人民政协网的总编后，决定走出办公室，真正去实践我所理解的教育理念。

那时，我对马国川老师领导的中国教育三十人论坛充满了敬意，我深感这些教育大家的思想需要在实际教学中得以实现。在山东昌乐一中，我和张校长一起尝试翻转课堂，试图解决实际教育中遇到的问题。然而，在实践中，我发现理想与现实之间存在着巨大的差距。于是，我心中萌生了一个愿望：创办一所让我满意，让孩子们在这里自由、快乐、健康成长的学校，按照因材施教的方式，让教育理念在这里生根发芽。

然而，2014 年，我试图在昌平创办学校时，教委的领导告诉我昌平没有地，批学校不现实，建议我先考虑为一些打工子弟学校提供帮助。我接受了这一建议，并开始为这些学校提供支持，希望在此基础上，能够进一步推动我所理解的教育理念的实施。

2018 年，我辞去了《人民政协报》的工作，开始了新的冒险，创办了第一所托管学校。最初，学校只有 500 多名学生，我用两年的时间将其发展到了 800 多人，让昌平区的百姓们开始认可这所学校。我曾跟主办者说，一个学生交很少的费用，剩下的我来想办法。我注重因材施教，提出了“一人一特长、一人一方案”的理念，让每一个孩子、每一个家庭都能真正受益。

然而，当新冠疫情来临，学校的规模和影响力都受到了限制。但我并未因此而气馁，反而更加坚定了办学的决心。2020 年，我收购了东方红学校。收购这所学校的想法源于我的母校湘潭大学，这所大学有着深厚的红色基因，是毛主席亲自题词要办好的学校。在我母校 2018 年建校 60 周年时，习近平总书记也曾给予我们批示，嘱咐我们牢记伟人嘱托，把学校办好。

但当我的母校提出将学校更名为东方红大学时，却未能如愿。后来，母校的书记和校长听闻我在北京创办了东方红学校，他们表示没有东方红大学，有东方红学校也行。从此以后，湘潭大学的每一任领导都会来我们学校视察，给予了我很多支持。如今，我的托管学校已经成为昌平区民办学校的核心，成为湘潭大学与校友交流的重要桥梁。

我之前通过聆听大家的思想，试图在实际过程中解决教育问题。然而，不办学就不知道其中的困难，办学之后才发现有多难。我们一直在思考如何将大家的思想真正落地，如何在东方红这片土地上生根发芽，如何让家长满意。有段时间，我非常苦恼，甚至曾经一度想要放弃。

为了寻找答案，我翻阅了许多专家的报告和思想，其中包括人文教育、因材施教等理念。我还参加了杨东平老师、李镇西老师等人的一些讲座，并在今年年初参加了张志勇教授关于“双减”的工作会议。然而，我仍然感到困惑，不明白为什么这么一所学校竟然办不好。

后来，我请了很多专家进行指导。因为我苦恼，我希望能够让家长满意。我突然想起前几年参加的各种论坛，并试图将那些思想和经验浓缩出来。在今年参加完张志勇教授的“双减”会议之后，我做出了一个决定，引入了北京乐达教育科技研究院这个实体研究院。

通过这个研究院，我希望能成为马国川老师和各位大专家的小迷弟，将大家的思想真正落实下去。在北京市昌平郊区，我们有一所学校正在建设中，这所学校原本是一座四星级酒店，经过改造后成为一所拥有 5 万多平方米建筑面积的学校。我们意识到，只有通过不断的努力和学习，才能够真正办好一所学校，让家长满意，让孩子们受益。

我之前作为记者时聆听大家思想记下来，结果不知道怎么干。到现在为止，我反过来再聆听大家思想时，我就知道在大家思想和具体措施之间有一个桥梁，这个桥梁就是这些专家带来的指导性的方针。北京东方红学校虽然正在努力发展，但仍然面临着许多挑战。汤敏老师指出，当前民办学校的发展非常艰难，然而，国家正在鼓励那些用心办教育的民办教育机构。我和郭金学董事长在全国范围内创办了 30 多所学校，我们的初心是出于对孩子的爱和尊重，为家长和孩子创造价值。我们倡导一种教育理念，即每个人都能发挥自己的特长，我们将以悲天悯人为出发点，让爱、尊重和温暖的文化在校园中流动。

东方红学校只是一个开始，我们带着一点小小的情怀去创办这所学校。由于我们的坚持，尽管 2020 年面临疫情的挑战和“双减”政策的压力，东方红学校仍然在昌平地区实现了逆势发展。这是家长和社会对我们的认可和馈赠。

我对马国川老师说，只要你不嫌弃，中国教育三十人论坛以后每年我们都愿意为教育做出一点点的回馈和努力。我们希望在大家的引领下，培养出一批勤奋、简单、阳光、感恩、乐善、睿智和豁达的人。

在此，我希望能够得到各位专家的支持和批评，在方便的时候，给予我们更多的鞭策和指导，让东方红学校在北京、在中国的大地上发出一点点微光。谢谢大家！

**潘　峰**

山西教育出版社副总编辑

# 为中国教育改革探寻新路径和新方法

尊敬的各位专家、各位学者、各位嘉宾：

大家上午好！

很高兴又和大家相聚在每年一届的教育思想盛会。今年是中国教育三十人论坛成立的十周年，在过去的九年中，中国教育发生了许多或显著、或细微的变化，在激烈的争论和勇敢的探索中不断前行。我们欣喜地看到，中国教育三十人论坛的影响正在显著地改变着中国教育发展的进程，正如汤敏老师所言，正在为重塑中国教育的崇高品格发出专业、理性的声音。在这个论坛上，正在产生足以影响时代价值和历史走向的伟大思想。

九年的时光里，山西教育出版社与论坛携手并进。作为一家专业类教育出版社，山西教育出版社一直以来都在为推动教育改革和高质量发展贡献自己的力量。我们始终坚持以读者为中心，以市场需求为导向，以服务教育为己任，在出版质量上严格要求，在内容质量上严格把关，不断推出符合新时代教育理念和具有实用价值的教育学术著作。作为中国教育三十人论坛的战略合作伙伴，山西教育出版社始终秉持服务教育的理念，做好三十人论坛丛书的出版与发行工作。到目前为止，论坛书系已有 20 多本的规模（和刚才汤敏老师说的略有出入，最新一本正在印刷），完整记录了中国教育三十人论坛九年来的学术成果和思想碰撞的精髓，放大了专家的真知灼见，在业界得到了广泛的关注和好评。

本次年会的主题是“教育高质量发展”，这是一个重要的议题，也是我们一直在努力追求的目标。我们将继续致力出版高质量的教育图书，为推动教育事业的发展贡献自己的力量。同时，我们也期待与更多优秀的专家和团队合作，共同探索新的教育模式，共同实践教育高质量发展的路径和方法。

嘉宾们，朋友们，教育是关乎民族兴旺、人民福祉和国家未来的大事。教育行业的发展，一直以来受到全社会的关注。希望今天的论坛能够在思维与观点的不断碰撞中，激发创新的火花，为中国教育改革探寻新路径和新方法，为推动中国教育高质量发展贡献力量。

最后，预祝第十届“中国教育三十人论坛”年会圆满成功！

# 主旨演讲

**顾明远**

北京师范大学教授
中国教育学会名誉会长
中国教育三十人论坛学术顾问

# 认识教育使命，坚持立德树人

尊敬的各位专家、各位老师：

上午好！有三年时间，咱们没有在线下聚会了。

党的二十大提出了全面建设社会主义现代化国家，把我国建成教育强国、科技强国和人才强国。

科技是第一生产力，人才是关键，教育是基础。2023 年是邓小平同志发表“三个面向”40 周年，邓小平同志说的话，我很有体会。我认为邓小平同志“三个面向”的核心是面向高科技。今天我们来理解的话，会更加深刻。之前的理解比较肤浅，说要建设现代化，但是当时哪有现代化呀？今天我们要建设教育强国，科技是第一生产力，人才是关键，教育任重道远。

要完成这个使命，要以习近平新时代中国特色社会主义思想为指导，坚持党的教育方针，坚持立德树人作为教育的根本任务，培养有理想、有学识、有本领、有奉献精神的德智体美劳全面发展的学生。

当前我们的教育面临着种种挑战：一是遇到世界百年未有的大变局，国际政治社会动荡不安；二是生态的恶化，环境的破坏，资源透支和浪费，人类生存受到了威胁；三是科学技术的迅猛发展，信息化、人工智能正在改变着人们的生产和生活，也在改变着教育的生态。

### 一、我们要认识教育的使命

在这些复杂的环境下，教育使命何在呢？联合国教科文组织 2015 年发布了《反思教育：向“全球共同利益”的理念转变?》（以下简称《反思教育》）。正如这个报告所说：当今世界的错综复杂和矛盾冲突，达到了前所未有的程度。这些变化引发了紧张不安，人们希望通过教育能够培养个人和社会掌握适应变化并做出反应的能力。

报告提出“教育应以人文主义为基础，以尊重生命和人类尊严、权利平等、社会正义、文化多样性、国际团结和为可持续的未来承担责任”。

联合国教科文组织一共有四个重要的报告：第一个报告就是《学会生存——教育世界的今天和明天》（1972 年），在科技发展过程中，人要学会生存，提出学习型社会。第二个报告是《学习：内在的财富》（1996 年），面向 21 世纪，提出教育财富蕴藏其中，好像很多问题都可以解决了。结果到了 21 世纪，2001 年“9 · 11”事件发生。第三个报告就是《反思教育》（2015 年），教育财富蕴藏其中，结果恐怖主义出来了，所以要反思教育，教育要以人为本。第四个报告是《共同重新构想我们的未来：一种新的教育社会契约》（2021 年），面临动荡不安的世界和生态的恶化，报告探讨和展望面向未来乃至 2050 年的教育。

《共同重新构想我们的未来：一种新的教育社会契约》报告认为，世界正处于一个新的转折点。加剧的社会和经济不平等、气候变化、生物多样性丧失、资源透支以及以数字技术为代表的颠覆性技术，都给教育带来重大影响。教育作为解决世界不平等现象的重要支点，当前需要回应“为何学、怎样学、学什么、哪里学和何时学”的迫切需求。报告强调，教育将我们与世界联系起来，为我们带来新的可能性，增强了我们对话和行动的能力，但要塑造真正和平、公正和可持续的未来，教育本身亟须转型。基于此，报告抛出了 3 个关于教育的基本问题："当我们展望 2050 年，我们应继续做什么？我们应该抛弃什么？我们需要创新什么？"

报告提出："教育可以视为一种社会契约—— 一种社会成员间为了共享的利益而合作达成的默示协议。"这一构想源于一种共享愿景，即教育具有公共目的。它应包括基本原则和组织原则，以帮助架构教育体系，落实建立、维护和改善教育体系的分布性工作等。联合国教科文组织认为，新的教育社会契约须将人类联合起来，通过知识与创新塑造面向所有人的可持续和和平的未来，维护社会、经济和环境正义。

报告明确指出，缔结这种新的教育社会契约必须遵循两条基本原则，即确保人们终身接受优质教育的权利，强化教育作为公共行动和共同利益的形式。报告提出当前教育需要继承优秀教育传统，同时在教学方法、课程、教师、学校愿景和教育时空等方面做出变革。报告鼓励从教师到学生、从学术和研究中心到政府与民间组织的研究与创新，鼓励全球团结和国际间更加公正和公平的合作，以推动实现这一对未来教育的重新构想。

## 二、数字化促进教育的变革

当今社会已经进入数字化时代，信息技术正在改变着人们的生产和生活，也改变着教育。互联网、大数据、人工智能正在改变着教育的概念、教育的生态环境，改变着教育形式、教育方式、师生关系、家庭关系等方方面面。这种变革是非常深刻的，可以说颠覆了整个传统教育的观念，教育工作者需要认识这种变革，迎接新的挑战。

（一）教育的概念变化了，学习的渠道拓宽了。以往的学习主要是在学校里进行，现在可以在多种场合、利用多种媒体学习，特别是在网上学习，在虚拟世界学习。学习已经不限于学校，也没有年龄的限制。

正如联合国教科文组织《反思教育》报告里所讲，过去把教育理解为有计划、有意识、有目的和有组织的学习，现在正规学习和非正规学习都是制度化的，但是人的需要学习是非正式的。我们在生活中学习到的许多知识并非有意为之，而是非正式学习，是所有社会化经验的必然体验。

（二）教育的目标变化了。以往教育只是传授书本知识，而且只重记忆不重能力、只重结果不重过程。现在是创新时代，日新月异，要培养创新人才。教学本质就是人的思维，思维改变世界。

有的学者提出来，要培养学生的人工智能的思维，小学生就可以培养人工智能思维。比如编程、制作简单的小型机器人、无人机等，这都需要有人工智能的思维。学生成长在活动中，活动当然是多方面的，科技活动是一种创新。

（三）互联网正在改变人们的学习方式。如果说工业革命使机器代替了人的部分体力，信息革命使电脑代替了人的部分脑力，而互联网则把个人的脑力联系起来，扩大了人类的大脑，变成了人类共有的大脑。知识成为人类共同的财富，人们可以在互联网上获取各种知识、讨论各种问题，人类的智慧可以共享。

育人方式在变化，教师要充分发挥学生的主体性。未来教育最重要的变化是要从教师的“教”转变为学生的“学”。学生通过自我学习发现问题、提出问题，自己去探索或者与同伴合作，互相探讨。教学要改变单向传授知识的方式，合理使用互联网，启发学生去探索。师生之间、学生之间要互相沟通，要融合运用传统与现代技术手段，合理使用互联网，探索基于学科的课程综合化教学，开展研究性、项目化、合作学习。

（四）互联网为个性化学习、个别化学习提供了条件。班级授课制只能照顾大多数学生的学习水平，不能照顾到学生的个别需要。信息技术在教学中的应用，可以使教师更好地根据学生的学习兴趣和爱好，为每个学生设计个性化学习计划，促进了课程多样化、学习方式多样化，扩大了学生选择的机会。

（五）互联网改变了师生关系。教师已经不再是知识的唯一载体和知识权威，学生已经不只是依靠课堂上教师的知识传授，而是可以通过各种媒体获得信息和知识。教师主要是要为学生的学习营造适合的环境，指导学生正确获取信息、处理信息，为学生设计个性化学习计划，帮助学生解决一些疑难问题。教师是设计者、指导者、帮助者。

人工智能、大数据可以作为教师的有力助手。大数据可以帮助教师随时了解学生的学习情况，帮助他们解决困难。实行“双教师模式”，即教师和虚拟教学助理。虚拟教学助理可以接管教师的日常任务，还可以帮助教师批改作业，替代教师一些机械式的劳动，减轻教师的负担，使教师有更多的时间和学生接触沟通，有更多时间专注于对学生的指导和一对一的交流。

（六）“人工智能+教育”可以远程、免费为农村和边远贫困地区学校提供优质教育资源。不仅使那里的学生可以在线上学习到优质的课堂教学，而且可以提高那里教师的专业水平，从而较快缩小城乡教育差距。

对于“互联网+教育”我们还需要有一个正确的认识。认识它的优势，还要防范它的风险，要科学运用，不可滥用。这次疫情期间居家学习，促进教育信息化，同时也暴露了一些短板。有的教师对“互联网+教育”还缺乏应有的认识，不习惯在网上与学生沟通，软件还不丰富，有的地方硬件也不配套等。

我看到一篇文章说，现在不要被 PPT 绑架。现在我们的老师被 PPT 绑架了，做了一个花里胡哨的 PPT。要把教学的基本概念讲清楚，而不是只做一个 PPT。对于互联网的优势认识不充分，用得也不充分。在个性化学习方面，当前做得还是很不到位，这里面既有认识问题，也有技术问题。

## 三、坚持立德树人的根本任务

信息技术正在改变教育的生态和方式，但教育的本质立德树人不会变。培养什么样的人、怎么培养人、为谁培养人，这个根本任务不会变。

《反思教育》报告提出要回归教育的本源，教育是社会发展的基础，也是全社会的公益事业。教育永远要把培养学生的理念信念、道德情操放在首位。教育的本质是什么呢？教育的本质就是提高人的生命质量和生命价值。提高生命质量，就是通过教育提高了人的生存能力，能够过上有尊严而幸福的生活；提高人的生命价值，就是通过教育，使他有知识、有能力、有高尚的思想品德、有奉献精神，能够为社会、为人类做出应有的贡献。

学校和教师不会消失。学校是人走出家庭、走向社会的第一个公共场所，是人社会化的第一步。

学习是人类集体的行为，个性化学习不是个人学习。《反思教育》中指出，学习既是个人行为，也是集体努力，学习是由环境决定的多方面的现实存在。教育不只是个人发展的条件，而是人类集体发展的事业，个人的发展也不是孤立的，是在人类社会发展进程中发展的。学校是学生集体学习、共享学习成果的最好场所。所以我主张学习不能讲竞争，现在学校讲竞争，就形成了只能我好，不能你好，扭曲了学生的心理。为什么有的学生跳楼呢？因为心理不健康，心理不健康是因为压力太大。学习期间不能讲竞争，学习讲竞争，就扭曲了孩子的心灵。

讲得不对之处，请大家批评指正！

**程介明**

香港大学原副校长、荣休教授
中国教育三十人论坛成员

# 教育话语的演化及其挑战

各位很抱歉，我不能亲自到北京参加年会。下面是一些观察，也是我的学习报告。我今天的题目是《教育话语的演化及其挑战》。我觉得学习是人的天性，教育却不是，教育是人类为自己设计的学习系统。因此教育带有经济、社会、文化、政治、信仰的历史烙印。也就是说，教育是可以过时的。

教育话语的演化，是可以看得到的。以前不是没有学校，我在东南亚看到很多佛教学校，它有非常现代化的课程，但它基本不是为了服务经济，而是一种宗教话语。我在中亚几个国家看到清真寺旁边有回教学校，也有很现代化的课程，基本上还是宗教话语。

英国早在 13、14 世纪就有了学校，是为了培养遍布全球的英国精英留守儿童，出现了很多的精英学校，这是精英话语。

中国没有学校，科举原来也不是为了培养学生，而是选拔官员，但它也勉强可以作为一种教育制度。它其实是一种公民话语，这跟现在的学校教育制度不太一样。我们现在的教育制度，一般都认为起源于 1870 年英国的《初等教育法》，由政府介入，并且建立了社会上的学校制度，这是全球第一次。因此出现了排排坐的学生，这是男生，这是女生，为什么是这样呢？当时英国的商人认为，不让每个人受教育，就难以维持大英帝国的优势，因此这是一个经济话语。这种教育并不是把精英学校扩大，而是把人分类分等，以适合社会上劳动力的需要。这是工业社会顶峰时期的产物。所以我觉得好像查理·卓别林的电影《摩登时代》里的生产线，教育就是一条生产线，把人分类分等，以适应生产力的需求。现在绝大部分的教育制度都是这种学校形态或话语，就是把人转变为人力资源。

第二次世界大战以后，欧洲恢复得很快，非洲恢复得很慢，几乎不动。因此经济学家觉得除了金钱的资本外，还有人力资本，这就是人力资本理论，这样经济话语更加有了理论支撑。世纪之交，出现了“21 世纪能力”，其实是受经济话语的持续影响。

大家耳熟能详的美国的“21 世纪能力”框架，除了传统的读、写、算之外，又提出了新的能力。很多人在宣传这一点，但没有注意到里面的内涵。

下面我讲一个故事，就能反映出这个框架里的内涵。哈佛商学院的教授写了一本书，写了哈佛商学院的毕业生每五年来一次重聚团圆。第一次重聚大家意气风发。第二次重聚有些人遇到了困难，来不了了。第三次重聚，有的人失败了，有的家庭破裂了。到了第六次，有人坐牢了。教授说，这些毕业生都是精英，都是非常尖端的人才。为什么会不高兴、会失败、会有人坐牢呢？他问了一个很好的问题。这就说明即使具备了“21 世纪能力”里的所有能力，仍然可能成为危害社会的大败类。

在教育制度里面有一个学历筛选的过程，或者说整个经济话语演化成为学历话语。什么是学历呢？就是考试、分数、入学等。学术成了教育最重要的目标，甚至可以是超越一切的目标，在有些学校就是这样的。更严重的是学生的自我价值被分数骑劫了，成绩好就自以为了不起，成绩差就抬不起头。

现在社会和经济上有一个很大的变化，生产已经不是完全为了满足需要，而是营造欲望。大量生产慢慢被个别化、个性化、量身定制限量版取代了，规模效益已经让位于少量多款。因此配合大量生产的课程机构慢慢消失，越来越少了，代之而起的是小的、扁的、脆弱的单位。简单来说，就是机构碎片化、工作个人化。个人跟机构的关系变了，因此人也变了。

毕业生不对口，不愿意打长工，不愿意长期做一行，不愿只打一份工，不愿意打工，愿意创业、带货等。社会变了，这种变化是全面的、根本的、不可逆的，不亚于从农业社会到工业社会的转变。

教育怎么办？教育如何摆脱纯粹的经济话语呢？因为社会已经不是原始的工业社会的形态了，这是全球面临的时代挑战。

我觉得华人社会开始渐露端倪，而且有了一些突破。比如 2000 年中国内地的教育课程改革，香港在 2020 年的课程改革，都是同样的口号，叫“学会学习”。这是第一次把学习引进舞台中心，引进了学习话语。2016 年，中国大陆与台湾地区不约而同提出“素养”这个概念，提出了含有内涵的教育话语。这完全离开了经济话语。

对中国来说，“培养人才”肯定是经济话语。但是我们又提出了“立德树人”，这是人文话语。这两者看起来好像是矛盾的，但中国的教育工作者不断在做这方面的统一。所以我有一个想法，假如说能够分清楚，从培养人的角度看培养人才，与从培养人才的角度看培养人，还是不一样的。看清楚这个分别，我们也许就对教育话语有了一个清晰的看法。

有什么挑战呢？

挑战之一：把素养放在舞台中心，也就是如何培养品质高尚的人才。

挑战之二：深化学习话语，怎样把学习代替分数和学历，如何把学习还给学生，学生要成为学习的主人，这也是现代学习科学的主要方向。

挑战之三：为师生开辟空间，避免让学历、成绩、考试占领他们的全部空间。如何让学生享受学习，这方面很多学校都在做，比如在社会上学习，在自然界学习。

挑战之四：淡化“拔尖”观念，让“尖子”变成一个多元的概念。社会变了，年轻的一代希望有自己的选择，希望有自己的空间，希望掌握自己的未来，我们叫“后物质时代”。

因此需要我们重新思考教育的目标，重新定义教育的质量。社会需要我们培养自信、从容、有尊严的一代，这不是我说的，而是有 5300 多个梦想中心、在边远农村为小学生创造梦想的真爱梦想公益基金提出来的。我觉得很有道理。我们的教育有这个准备吗？

我的一个学生的孩子，他是美国康奈尔大学精算专业毕业，一个暑假在欧洲参加比赛得了亚军，吸引了很多的粉丝。他用自己的名气去制造扑克牌，每两个月卖 1500 套，每套大概 20 美金。我想问的是，假如说这是你的毕业生，你会高兴吗？

我的分享就到这里，谢谢！

**杨东平**

国家教育咨询委员会委员
21 世纪教育研究院名誉理事长
中国教育三十人论坛成员

# 关于教育源头减负的思考

当前的中国教育，减负成为一个最响亮或最特殊的概念，全国上下都在围绕减负的目标，有压倒一切之势。但是减了两年以后，到底效果如何？还没有结论，每个人心中有自己的解释。

这一轮减负面临的教育背景和社会背景，跟过去已经大不相同。最突出的是少子化和老龄化，学龄儿童大幅减少。学习压力大、内卷的同时，还有一个严重的结构性问题，就是高学历人才“过剩”和基础劳动力的匮乏。但是，它并没有显著影响教育行为，我们还是一如既往地培养拔尖人才，做面向少数人的教育。

描述这个现状有两个相关联的概念，一个叫过度教育，一个叫学业过剩。过度教育是指由于教育过分扩张，中等教育、高等教育毕业生数量快速增长，超过了劳动力市场的实际需求，导致毕业者从事与学历不匹配的工作，既收入下降，也浪费了教育资源。有份研究报告讲的是城镇过度教育的比率，在 2010 年到 2014 年达到了 33.34%。过度教育的后果，就是造成学业过剩。也就是很多岗位根本不需要这么高的学历，不需要提升这么多的教育。最近看到的网络新闻是一位清华博士开车去送货，不知真假，但这个现象有一定的象征意义。

就是高学历人才的供给与职业结构和就业结构是不相一致的。

所以，减负并不是一个新命题。从 20 世纪 50 年代开始，减负就成为教育的重要主题。新中国颁布的第一个减负令是在 1955 年。80 年代以来，减负令越来越多，重视程度越来越高，到 2021 年 7 月达到了顶点——中共中央办公厅、国务院办公厅印发了“双减”文件。

我们要思考的一个问题是，为什么在新中国的教育历史上，减轻教育负担成了一个历久不衰的教育主题？在五六十年代，减负的呼声、动作就非常大，并不亚于现在。尽管当时的学业负担远没有今天这么严重，但毛主席已经不能忍受了，觉得这完全是传统教育的弊端。他认为课程可以砍掉一半，主张公开考试题目，让学生自己去研究。到 1965 年的时候，又重申建议从一切活动总量中砍掉三分之一。这个思路就是源头减负，也就减掉国家的课程计划总量，否则只在“末端”做工作，让老师在课堂上去减，只能事倍功半。

在 20 世纪 60 年代的时候，1964 年到 1966 年，教育改革非常活跃，各种各样的学制改革、教学改革，成立十年制学校，像北京的景山学校，中央成立了专门的工作小组，研究教育改革问题。但是，教育改革很快就被转化为教育革命。那是为期十年之久的教育革命，大学停招，中小学学制从 12 年改成了 10 年，课程减少到几门。没有考试，没有作业，没有师道尊严，甚至没有家长权威，什么都没有。要说减负，那可以说是真正实现减负了。

我个人认为对这个时期的教育并没有很好地总结和吸取教训，就是怎么评价和认识它。它通常被认为是文明倒退，是一场浩劫；但是在一些青少年的心目中，它也是“阳光灿烂的日子”。20 世纪 60 年代出生的这批人，当时我们认为是被荒废、被耽误的一代，但是在一个更长的时间跨度内，回头来看，现在各行各业的中坚力量，不都是这个年龄阶段的人吗？他们并没有真的被毁灭掉，还是在做他们该做的事。所以教育和社会的关系很复杂、很奇妙，不能用简单的概念化的思路去理解。

“文化大革命”之后，一切迅速恢复常态。邓小平同志请“文化大革命”前的教育部部长蒋南翔主持教育，最重要的做法一是恢复高考，二是重建“文化大革命”前的重点学校制度，就是重点小学、重点初中、重点高中。重新把基础教育纳入高度选拔、高度淘汰的体系中。在每一个城市和农村只有不到3%到5%的重点学校，成为大家竞争追逐的目标。有人说，这是违反义务教育法的。关键是当时并没有实行义务教育，我国的义务教育法到1986年才颁布。所以当时完全是一种行政行为，为了“早出人才、快出人才”。它的另一个后果，是20世纪80年代已经出现了严重的教育负担问题。

1985年，北京一名初中女生喝敌敌畏自杀，并录了一盘令人声泪俱下的录音带（磁带）。胡耀邦对这个问题做了重要批示。他说：“全国大中小学多数教育思想不对头，对培养什么样的学生不明确，没有良好的思想品德、没有好的身体条件行吗？灌的量那么大、灌的方法那么死、作业考试那么烦琐，有什么用？这件事提了几十年，毛主席时就那么说，但总是解决不了。我认为原因之一是自己没有说透。第二才是规定一些必须要遵守的规矩。这件事请抓住一个结果。一年不行就两年，怎么抓也要细心考虑。”胡耀邦很乐观，认为一年不行就两年，现在二三十年过去了。

所以严重的教育问题依然在不断加剧。当时对这种现象有一个官方的术语叫“片追”，就是片面追求升学率，把这种不良现象归纳成了片面追求升学率。恶性的“片追”事件仍在不断发生。2000年2月，浙江金华市发生了一件事，一个高二年级的学生，因忍受不了学习成绩名次和家长给的压力，用榔头打死了母亲。江泽民发言：“主要是要教育青少年树立好学上进的志向。如果方法不对或不适当，也会导致适得其反的结果。这方面的教训不少，要引以为戒。不能整天把青少年禁锢在书本上和屋子里，要让他们参加一些社会实践，打开他们的视野，增长他们的社会经验。”

减负以及教育改革的紧迫性、重要性、任务和目标，在几十年以前就提出来了。在前十年最重要的减负呼吁，来自原国家教委主任何东昌。2005年6月，何东昌给胡锦涛上书反映基础教育存在的严重问题。他讲："基础教育广泛存在的片面追求升学率的问题或者应试教育的倾向，及其带来的涉及面很广的负面影响……说到底，这是对教育方针的偏离，对民族未来的影响很大，将会带来难以挽回的后果。"他说："我估计在基层真正全面贯彻教育方针的学校是不多的。也就是说，党的教育方针在中小学大多受到扭曲甚至严重的扭曲。这引起了教育界内外的忧虑，问题的严重性还在于对这个问题迄今尚未找到切实有效的解决方案。"这话讲得非常真实，到今天为止，问题依然存在，还是没有找到切实有效的解决方案和思路。

何东昌给胡锦涛写信之后，由中央教科所牵头，在全国范围内展开了大规模的教育调查。最后成果汇编成了两本书，叫《共同的关注》，2006年出版。然后一切如旧，该干嘛干嘛。所以中国教育的惯性非常之大。今天我们还在思考这个问题，为什么教育方针和教育现实长期是"两张皮"的状态？为什么"全面发展"的教育方针行之不远？为什么素质教育的概念缺乏生命力？这个困局到底如何打破呢？

我个人的想法是两句话，第一，中国需要建立新的教育哲学。在教育目标上要更新，要更新经济学话语，就不仅仅是培养人才，关键是要培养人。第二，需要实质性的顶层制度改革。如果考试制度、升学制度、评价制度不改，只让老师和学生去改，这是不现实的。这也是这么多年来我们的减负并不能落到实处的原因。下面，我结合亚洲国家基础教育改革的一些实例来介绍。

1. 建立新的教育观、学习观、学生观

这些话写下来很容易，但真正变成现实很艰难。这是一个目标，我们要有新的教育理念。

如幸福比成功更重要；要实行善待儿童，使儿童免于恐惧、能够保障儿童睡眠和休息的教育；为大多数人的教育，而不是面向少数重点学校、优势阶层的教育；能够增进个人和社区福祉的教育；培养勤劳、善良、有正义感，能够自食其力并服务社会的合格公民；培养具有自我发展能力、创业精神的终身学习者，而不是会迅速过时的“考试机器”；形成低竞争、低评价、低管控的教育生态。这些表达并不准确，也并非唯一的，是一个大致的面貌和方向。

2. 做减法的素质教育：教育的源头减负

首先，国家的教学计划和课程计划要整体减量。原教育部基础教育司司长王文湛教授说：教育部规定我国中学每周上课 33 节，外国中学每周上课 23 节。我国中小学从一年级到高三毕业共上课 13000 节，国外是 3800 节。我国小学每年放假 12 周，外国中小学每年放假四个半月。

中国和国外学习总量的设计和差距非常巨大，很多国外教育总量是中国的一半。在澳洲、德国，都可以实行半天在学校上课，下午是在运动场、博物馆、体育馆度过。这不仅是因为促进身心健康，一个现实的问题是有没有必要学那么多东西。什么真正值得教？在互联网和人工智能时代，这个问题越来越突出。现在的过度教育，搞的是提前教育和过度操练。所以需要从源头上减少课程数、学时数，大幅度降低教学难度、考试难度。毛主席在 20 世纪 60 年代提出的目标，减掉三分之一的课程和实行开卷考试，这些概念今天依然有效。包括推行小学的全科教师模式，改善教育生态，取消中考，促进高中教育的均衡发展和多元化，等等。

3. 实质性地取消重点学校：日本的实践

义务教育阶段不得举办重点学校，这个目标说了几十年，我们说现在已经没有重点学校了，但是有明星学校、有示范学校、有学区房，各种各样，层出不穷。日本的义务教育真正做到了一视同仁，是没有重点学校的。实行就近入学，家长不得接送小学生，因为学校离学生很近。而且学校每年重新编班，一方面让学生认识更多的朋友，一方面打破可能出现的某些人群的聚集。最重要的是校长、教师实行公务员制，每六年进行轮换。所以校长没有必要，也没有动机把本校打造成名校，获得怎样的声誉。

4. 实施“为生活而学”：新加坡的实践

新加坡学习德国的学制，过去从小学就开始实行早期分流，四年级、六年级的分流考试，对学生压力很大。但最近20年新加坡实行一系列改革，提出“思考型学校，学习型国家”的概念，改变“一考定终身”，发起“少教多学”的教育改革。现在把这套制度改了，学校课程累计减少了一半，1997年减少了30%，2005年减少了20%。2018年，启动为“为生活而学习”的教育改革，推行学科分级全面计划。从2019年开始正式取消小学一、二年级的考试，小六会考采取按级别评分，以减少取得高分的压力。

5. 从发展教育走向幸福教育：韩国的实践

韩国在我们的印象中，也是考试至上，大家以为跟中国差不多，其实并非如此，或者说已经基本改变了。所谓“发展教育”，就是指教育为国家经济发展服务，它不是以人为本的。2013年，韩国提出了“幸福教育”的概念，以推行初中的“自由学期制”为抓手。最后统一为在初一实行“自由学年”，实行以学生为中心的课堂模式，把学生从知识和竞争中解脱出来。同时参与多种多样的体验活动，提高学生的素质和适应能力。调查显示，这一举措明显提高了学生的幸福感。

当然，要有其他配套政策。例如高中多样化政策，是基础教育正常化的一个重要途径。韩国高中教育的类型之多、花样之多，一下都搞不明白其实质是什么。像外语高中、国际高中、艺术高中、科学高中、体育高中等，同时还有达人高中、特殊目的高中、特色高中、自律高中、职业特色高中等，总之是非常多样化。

我个人认为韩国教育最令人瞩目的是“梦想学校”，在首尔、京畿道，梦想学校已经发展到成百上千所。京畿道的教育厅厅长说，每个班上都有几个不爱学习的学生，但每一个这样的学生都有他喜欢做的事，那么，为什么不让他做自己喜欢做的事呢？这就是“梦想学校”的由来。它是高中阶段由学生组织的跨校的学习机构，利用休息日、寒暑假去自主学习，现在方兴未艾。科目有咖啡、音乐剧、动漫、潜水、无人机、电影、出版、木工、宠物、舞蹈、笑星等，有上百种之多。学校写一个教育计划，能够招收到一定人数，经批准后，教育厅出钱资助。厅长说，我认为这是打破韩国教育培训最有效的措施，学生都去做自己喜欢的事了，谁去上培训学校？所以韩国的教育改革是实质性的。

我们经常被问到韩国和日本的教育到底卷不卷？很多人的印象和中国差不多，其实在义务教育阶段，已经没有可比性了。当然，总有一部分学生很“卷”，在日本是非东京大学医学部不上，这样的学生占了5%到10%，也就是90%的学生比较正常化了，这使很多人难以相信。在韩国的时候，我们问翻译，韩国的小学有没有择校？她说，当然有。那么，择校是什么标准呢？两个标准：离家近，伙食好。所以说义务教育均衡发展的目标，在韩国、日本这些东亚国家基本实现了，他们竞争性的学习是从高中开始的。

最近的消息，丹麦政府将取消国民学校中九成的约束性目标和指导性目标，给予教师更多的自由，这意味着取消3800多个目标，还是在继续放权。

所以，在少子化的时代，每一个儿童都是珍贵的。我们需要用教育红利、改革红利弥补人口红利的缺失，谢谢大家！

**李镇西**

新教育研究院院长
成都市武侯实验中学原校长
中国教育三十人论坛成员

# 你在哪里失去了“她”

## ——教育呼唤“人”的回归

这是中国教育三十人论坛第十届年会，但并非中国教育三十人论坛成立十周年，而是成立十虚岁，我们是 2014 年 12 月召开的第一届年会。刚才在我之前演讲的几位真的是大家，我是唯一来自基层的老师，当然我也当过几年校长，但的确来自一线。中国教育三十人论坛成立这九年来，对我有很大的提升。我因此结识了很多专家、教授，开阔了视野，也成长起来了，所以特别感谢中国教育三十人论坛。

因为我有了成长，今天我才有资格在这里和大家一起讲讲我的一些教育想法。

先看一张照片。这是我刚当校长不久，到我校的附属小学拍的照片，这是一年级的孩子们过第一个儿童节，戴上红领巾兴奋的样子。当时，看着活泼可爱的他们，我情不自禁地想，作为校长我应该给孩子怎样的教育？若干年后，他们会想起怎样的在这里读书的情景？让孩子们在这里快乐地成长，这就是我的初心。

我今天的题目是《你在哪里失去了“她”》。这个“她”，在汉语中不仅指女性，也指一些美好的事物，比如“黄河，她是中华民族的母亲河”。而我这里的“她”指的是教育初心。我的副标题是“教育呼唤‘人’的回归”。

还是回到这张照片上，孩子们多么开心啊！是的，他们刚上一年级，的确开心。而且所有一年级的小朋友在第一天去学校的路上，都是多么欢心、憧憬。在座的每一位专家、教授、学者，你们小的时候不也是这样吗？

可为什么这些孩子接受教育不久，就变成这样了呢？晚上很晚很晚都不能睡，要写作业。学习成了一件痛苦的事。我要说，给他们施加压力，让他们晚上不能按时睡觉的老师，恰恰都是好老师，都是为了孩子们好的老师。也就是，让孩子很晚很晚都不能睡觉的老师，往往都是敬业的老师。所以我曾写文章说，我们正在兢兢业业地摧毁着孩子童年的幸福与富有创造性的未来！

不知从什么时候开始，我们的教育变成了两个字——刷题。刚才杨东平教授说“过度教育”，他这里特指的是“刷题”的教育，而不是真正意义上完整的教育。因为只有刷题，所以学校不再有学生，而是只有考生。于是学校变得功利，只喜欢掐尖；老师也变得势利，只喜欢成绩好的学生。我在成都市的公交车上拍到过一张照片，当时是晚上 7 点过后，学生才放学，可在公交车上还在做作业。我问学生，为什么在公交车上做作业，光线也不好。他说做一道少一道。我要说，他的老师很有可能是优秀老师。

这是纪伯伦的一句话——“我们走了很远，却忘记了为何出发”。而“出发地”就是我们的初心。

由于忘记了为何出发，种种不正常的现象在学校却司空见惯。大家看看学校的所谓“高考冲刺”“百日誓师”……看，十五六岁的小姑娘杀气腾腾，稚气未脱的小男孩视死如归，简直就是一个个敢死队队员！可怕的不是这种现象的存在，而是许多人认为这是正常的：“这很励志啊！”“人生能有几回搏？”所以这样的标语便堂而皇之地出现在教室里：“提高一分，干掉千人。”教育为什么不是发展人性，而是诱发了兽性？人类经过多少亿年的进化，从动物进化成了人，而我们一些所谓的“教育”一夜之间把人变回了动物！

因此，顾明远先生、杨东平教授都多次呼吁没有竞争的教育，希望有和谐的教育，不要你死我活的教育。终于考上大学的孩子在做什么呢？在撕书，在撕本子，在欢呼……他们在“欢呼”什么？是在发泄啊！发泄对刚刚过去的日子的仇恨。我们的教育就是这样培养出不再爱读书的孩子，这不是讽刺吗？我们培养了一批又一批不爱读书的孩子，孩子长大后很少读书，所以我们现在呼吁要建设“书香社会”，以鼓励读书。

我觉得很怪，读书不是一个人很正常的习惯吗？为什么要“鼓励”呢？为什么没见谁鼓励人吃饭呢？为什么我们没有说要“建设饭香社会”呢？（众笑）因为读书成了稀罕的事了。顾明远先生在不久前一次会议上忍不住站了起来，大声疾呼：“要有教育的良心啊！考试的成绩并不是孩子的一生，我们要考虑孩子一生的成长，考虑我们国家的长远！我们的教育要有点良心，教育工作者不能搞功利主义！”什么叫良心？良心就是初心。

上面这张照片我很喜欢，是孩子们上体育课时我给他们抓拍的。面对奔跑的他们，我们都曾经想呵护他们、尊重他们、帮助他们。但教育的初心怎么失去的呢？我慢慢分析一下。一个年轻的女教师和一个孩子在互相问好致意，这样的场面很温馨。但并不是每一个孩子都会遇到这么温馨的老师。

我读过一篇小学生日记，是这样写的："今天早晨，我走进学校问张老师好，她却没有理我。"我想，没理这个小学生的老师可能当时正忙着做别的事情，她并不是一个坏老师。但是，如果这个老师在她刚刚参加工作的第一天，遇到问候她的学生，她会不理睬吗？

我曾在一篇文章中写我参加工作时的情怀："第一天踏上讲台的时候，是那样的纯粹。没有功利心，没计较过收入，没想过如何算'工作量'，也没想过什么'教坛新秀'，什么'市优青'，什么'省级骨干教师'之类，想的只是怎样把眼前的这一堂课上好，怎样把眼前这群孩子带好。那时候，教育就是教育，而不是'荣誉'，不是'职称'，不是'论文'，不是'课题'……课堂上孩子们一双双亮晶晶的眼睛，下课后孩子们一声声无邪的笑声，就是我们全部的追求。"这就是几乎所有年轻教师第一天上班时的初心。

我现在还能回忆起第一天上班的情景，当时我走进乐山一中的校园，正满天朝霞，我觉得天上的每一朵彩霞都是为我盛开的花儿。这时响起一个声音："老师好！"因为第一次当老师，我没反应过来；接着又响起了一声"老师好"，我一下意识到，这是在招呼我呀！我有些激动了，从此以后每天我都会在这里听到“老师好”，于是非常认真地对那小男孩回礼：“小朋友好!”这就是初心。

可是再过几年呢？是不是还会为学生向你问好而动情呢？是不是也认真地回一个“同学好”呢？说实话，我依然保持了对学生的问候。但不少老师不是这样。再过几年，同样面对孩子们的问候，他鼻子里面能够“哼”一声就算不错了，再过十年，学生问他好，他可能理都不理，像没听见一样。有一次，一位老师对着迎面而来不停给他打招呼的学生，竟然有些不耐烦：“吵死了，一边儿去!”正是在这些很微妙的地方，我们的初心失去了。

还有这样的老师，她也希望把学生教好，因为恨铁不成钢，所以体罚学生。

我曾在镇西茶馆公号文章中写道——时间一天天过去，我们从初出茅庐的年轻教师，变成了年富力强的中年教师，再变成德高望重的老教师……同样是带班，同样是上课，最初我们只想的是孩子们是否快乐，是否有收获，我们是否幸福，是否在成长；而现在可能我们就“功利”一些了，孩子们在我们眼前不再是活生生的人了，而是分数、名次、合格率、重点率、“一本”上线率，“985”人数——为了这一个个“数字”，上课压堂、放学补课、错一个字抄十遍、罚站、请家长……到了这时，老师还能说、敢说自己是“为了孩子”吗？

讲到这里，无论是在座各位还是正在收看直播的朋友会说：“李老师，你怎么能怪一线老师呢？她有什么办法呢？都是校长逼的!”的确，很多一线老师咬牙切齿地说：“都是校长逼的!”她可能也会对孩子说：“孩子，不要怪老师心狠啊，我也没办法，我做了十年了，还是初级，连中级职称都还没拿到，校长逼我，我不得不逼你啊!”

的确，不能怪老师，老师很无奈。那么，怪校长吗？

我要说，现在的每一位校长，何尝没有过一个美好的初心呢？哪一位校长不是怀着一颗纯正的教育心来到校园的呢？每一位校长的心中，都曾经装着帕夫雷什中学。从当校长第一天起，或者说从参与学校奠基建设的第一个早晨起，他们心里一定也有着一个伟大的梦想——这个梦想可能源于陶行知的育才学校、苏霍姆林斯基的帕夫雷什中学、小林宗作的巴学园、尼尔的夏山学校……当想到这些学校的时候，他们眼前呈现的一定是校园里活泼的孩子和孩子脸上灿烂无邪的笑容。

孩子的生命、快乐、成长……曾经占据着新校长的整个心灵。为了孩子——这是校长办学的神圣的初心。因此，几乎所有的校园都有这样的口号："一切为了孩子，为了一切孩子，为了孩子的一切!"

是这样的吗？有的校长是的，有的则未必。

我讲一个李希贵校长的故事。李希贵是我的铁哥们儿，因我俩名字发音相近，还闹过不少笑话。前几天在一个地方讲学，一个老师走上来握着我的手说："李老师，我是读着你的书长大的！就是那本《学生第一》。"这是李希贵的书啊！我知道他把我当李希贵了。（众笑）我马上给李希贵发短信，说："我今天当了你的替身。"（众笑）

李希贵是我最敬佩的校长之一，2014 年，北京十一学校有四位学生进了物理学科奥林匹克竞赛国家队。他们只要到美国参加国际奥林匹克物理竞赛，会稳拿四块金牌。这是十一学校历史上没有出现过的成绩。可其中三位学生找到李希贵校长说，他们不想去美国参赛，高二刚刚结束，他们已经通过国内金牌拿到清华和北大入场券，他们想利用高三这一年学一些感兴趣的课程。李希贵校长同意了他们的要求，他认为没有什么比学生们的快乐和幸福更重要的了。后来有一位孩子去参加了比赛，果然拿回了金牌。虽然十一学校眼睁睁看着丢了三块金牌，但是在李希贵校长的眼中，比金牌更重要的，是孩子丰富多彩的成长！这就叫作没有失去初心。

在一所小学，一位非常有爱心的女教师发现班上一个孩子身上被打得伤痕累累，她特别心疼，一问得知是孩子父亲打的，估计孩子父亲有些精神上的疾病，所以天天都打孩子。于是这位女教师去找校长，希望校长出面和家长谈，避免孩子晚上回去再挨打。校长听了女教师反映的情况后，第一句话是："这事等这次‘迎检’工作结束后再说吧!”当时学校正在准备迎接上级一个规格很高的检查验收，事关学校的声誉，校长怕“出事”。听了这事儿，我当时特别生气，在镇西茶馆写文章批评那位校长，文章的题目是:《请问校长：你是一切为了孩子，还是一切为了‘帽子’?》。

所以相当多的校长是没有把孩子真正放在心上的。当校长滔滔不绝地谈“办学理念”“教育规律”“课程改革”“课堂模式”“国际视野”“互联网+”“人工智能”等具有战略意义的宏大话题时，每天都会向他迎面走来的一个个具体的孩子，可能已经淹没在众多的“理念”“模式”“战略”中了。他一门心思琢磨“培养走向世界的现代中国人”，却把眼前的“人”给忘记了!

这怪校长吗?校长说:“我有什么办法?局长、厅长管着我呢!”

究竟是哪出现问题了呢?教育初心是怎么不知不觉慢慢丢失的呢?我们稍微想一想——为了孩子享受良好的教育，我们办起了漂亮的学校；有了漂亮的学校，还得有合理的课程，于是开发并设置丰富多彩的课程；还需要有优质的教师，这些教师要有高超的教学技能和精湛的育人艺术，于是展开教师专业职能的培训活动；为了提高教学质量，我们搞起了教育科研，于是公开课、技能大赛、论文评比渐渐兴起；为了便于检测教育质量，我们开始搞标准化，设定了指标，搞起了评比和排名；为了鼓励更多的学校“办人民满意的学校”，我们设立了“示范学校”“星级学校”“新优质学校”等荣誉让各学校“争创”，自然相应的就有了各种“验收”“督导”……

一切都是为了达到“上面”的要求。到了这里，“办人民满意的教育”成了“办局长（厅长）满意的教育”!

但是，能怪局长吗?能怪厅长吗?好像也不能怪。他们也有一肚子苦水啊!他们说:“老百姓看着呢，如果哪一年我这区域的高考没考好，社会舆论的压力，谁受得了?”所以，经常有人说，是“社会绑架了教育”。而许多人也认为，教育的目的当然就是要满足社会的需要。

这里涉及对教育目的的理解有偏差，这是关键。其实，局长、厅长也都不坏，他们都想办好教育。但许多人认为教育就是要满足社会发展的需要。

我认为要从教育的哲学来思考这个问题，也就是要思考一下：教育的目的，究竟是社会本位，还是个人本位，或者“二者统一”?

从理论上看，教育史上本来就有社会本位论和个人本位论两种观点。社会本位论以涂尔干、纳托尔普等人为代表，他们更强调教育目的就在于让受教育者服从并适合社会需要，使受教育者社会化，保证社会生活的稳定和延续；个人本位论以卢梭、康德、施莱尔马赫、福禄倍尔等人为代表，他们主张教育的根本目的在于使人之为人的本性得到最充分、最完善的发展，因而教育目的理应根据人的本性之需要来确定。

有人说，不可走极端，最理想的是将社会本位与个人本位统一起来。我说，可以相对统一，但不能绝对统一。

为什么不能绝对统一呢?

第一，两者本身就不是同等价值，从根本上说，教育最终是指向人，社会发展的目的也是为了人。这一点我想大家是接受的，因为社会是人构成的，社会发展的目的最终也是为了人。第二，如同“钟摆现象”，二者总是在特定的社会背景中有所偏向，不可能为了有一个所谓的平衡，“钟摆”一直居中不动，总是有所偏重，这是不以人的意志为转移的。

所以，我特别欣赏杜威的一句话，这一句话我经常引用：“事实上，在不同的历史时期提出了大量的目的，这些目的在当时当地都具有巨大的价值。我们并不去强调不需要强调的东西——这就是说，有些东西已经很受重视，就无需强调。我们往往根据当时情境的缺陷和需要来制定我们的目的；在一定的时期或一定的时代，在有意识的规划中，往往只强调实际上最缺乏的东西，这并不是一个需要加以解释的矛盾。”

我重复一遍，“在一定的时期或一定的时代，在有意识的规划中，往往只强调实际上最缺乏的东西”意思是，我们强调的总是当下缺乏的。我们的教育现在缺的是对人的尊重，因此我们强调人的价值至高无上，强调教育的个人本位。而我们国家曾经在一段时间里基本上是以社会为本位，比如“文化大革命”结束后我们搞改革开放，因为那时候发现中国跟世界差距很大，必须奋起直追，当时，人就是工具，为国家富强民族崛起而奋斗的工具。这是没办法的事。我记得当时有这样一张宣传画，上面写的是“为实现四个现代化而勤奋学习”，这就是把人当工具。

当时说得最多的话是“多出人才、快出人才”，但这是那个时代所必需的，这有着时代的必然性。从这个角度讲，我充分理解“应试教育”的历史合理性。包括当时提出办重点中学和重点小学，因为国家经费有限嘛，不得不如此，不然的话，所有学校都得不到发展。

但是今天，教育应该是回归“人”的时候了！

20世纪90年代，联合国教科文组织出版了一份全球教育发展的报告：《教育——财富蕴藏其中》，又被称作《德洛尔报告》。报告认为：“必须给教育确定新的目标，必须改变人们对教育的作用的看法。扩大了的教育新概念应该使每一个人都能发现、发挥和加强自己的创造潜力，也应有助于挖掘出隐藏在我们每个人身上的财富。这意味着要充分地重视教育的作用，就是说使人们学会生存，实现个人全面发展的作用，不再把教育单纯地看作一种手段，是达到某些目的（技能、获得各种能力、经济目的）的必经之路。”报告特意重申了一个基本原则：“教育应当促进每一个人的全面发展，即身心、智力、敏感性、审美意识、个人责任感、精神价值方面的发展。”并在此基础上，更进一步地强调：“教育的基本作用，似乎比任何时候都更在于保证人人享有他们为充分发挥自己的才能和尽可能牢牢掌握自己的命运而需要的思想、判断、感情和想象方面的自由。”

这都说明，教育首先是着眼于人的发展，这是人类的共识。

回到这次年会的主题“教育高质量发展”。教育的“高质量发展”意味着什么呢？我谈谈我的意见。我理解，现在之所以提“教育高质量”发展，是源于习近平总书记所说：“中国经济已经由高速增长阶段转向高质量发展阶段。”而且习近平总书记对此还有一个解释，他在参加十三届全国人大四次会议青海代表团审议时强调：“高质量发展不只是一个经济要求，而是对经济社会发展方方面面的总要求；不是只对经济发达地区的要求，而是所有地区发展都必须贯彻的要求；不是一时一事的要求，而是必须长期坚持的要求。”

所谓“对经济社会发展方方面面的总要求”当然包括了教育。所以这个概念应用到教育上，是理所当然的。

那么，教育的高质量发展是什么意思呢？我们先看看经济的高质量发展是什么意思。党的十九届六中全会通过的《中共中央关于党的百年奋斗重大成就和历史经验的决议》指出：“不能简单以生产总值增长率论英雄，必须实现创新成为第一动力、协调成为内生特点、绿色成为普遍形态、开放成为必由之路、共享成为根本目的的高质量发展。”

我们现在来做一个词语替换的游戏，稍微将每个空格中填上一个替换的词，说的就是教育。

比如，“不能简单以生产总值增长率论英雄”，如果要说教育，这里的“生产总值增长率”换成什么？（众答“升学率”），对，换成“不能简单以升学率论英雄”。然后，“必须实现创新成为第一动力”一句中的“创新”，如果是说教育，应该换成什么？我换成“核心素养”，我们的核心素养不就是最强调“创新”吗？所以这句话替换成“必须实现核心素养成为第一动力”。然后，“协调成为内生特点”，对教育来说，什么叫“协调”，不就是全面发展吗？所以，这句话自然可以改成“全面发展成为内生特点”，就是不能只是智力发展，还有身体强壮、品德优良，还有美育、劳动教育，等等，都要全面协调地发展。然后“绿色成为普遍形态”，我们用什么词来替代“绿色”呢？想想，强调

“绿色”发展，是在说人与环境的关系，即发展不能以牺牲环境为代价，那好，我们的教育不能以牺牲孩子的生命健康包括心理健康为代价去获得很高的教育质量，因此这里换成“生命至上”，即“生命至上成为普遍形态”。接下来“开放成为必由之路”，那对教育而言，开放就是国际视野，因此这句话改为“国际视野成为必由之路”；最后“共享成为根本目的的高质量发展”，对教育来说，所谓“共享”不就是“教育公平”吗？所以，最后一句是“教育公平成为根本目的的高质量发展”。

大家看，“不能简单以升学率论英雄，必须实现核心素养成为第一动力、全面发展成为内生特点、生命至上成为普遍形态、国际视野成为必由之路、教育公平成为根本目的的高质量发展”。这不就是我们想要的“教育高质量发展”吗？所以，教育高质量发展的概念很好理解。

刚才说了，40 年前我们以经济建设为中心，这有着历史合理性；我们现在提出“以人民为中心”，这也有着当下的必然性。我一直在思考，这“以经济建设为中心”与“以人民为中心”是什么关系？矛盾吗？当然不矛盾。“以人民为中心”是根本目的、是价值旨归，“以经济建设为中心”是逻辑必然、是根本路径。二者有机统一于新时代中国特色社会主义的伟大实践。现在我们要强调“以人民为中心”，因为很多时候我们把路径当成了目的，所以要纠偏。

那么，“以人民为中心”落实在教育上是什么呢？从教育的角度说，人民就是孩子——你敢说哪个孩子不是人民？所以，“以人民为中心”体现在教育上，当然就是以儿童为中心。把每一个儿童放在心上，让教育重新回到一个个具体的孩子的身上，关注人本身的成长、发展与幸福，这就是教育的“以人民为中心”。这就是我们的初心。

我还想强调的是，这里的儿童，不是集体的概念，不是“大家”。佐藤学说：“在教室里并不存在‘大家’，存在的只是只有自己名字和容貌的一个个学生。”

我们的教育就是要让一个个具体的孩子成长、发展、幸福。大家注意我说的是“一个个”。接下来，我简单讲我几个学生。我在20世纪80年代教过的一个学生，他当年成绩不错，现在是大学教授、博导，是我们国家城市交通的著名专家。另一个也是我80年代的学生，他的成绩一般，但是正直善良。他后来是一名公交车司机，这是2020年的时候，我为了写他，专门坐了他的公交车。2018年，我退休前给学生们上最后一节课时，他专门赶来听。

有个女生我当了她五年班主任，从初二教到高三，当年成绩相当拔尖，高中毕业她考上清华大学，后来在美国拿了化学博士，非常有成就。还有个女孩是我当校长时教的学生，我们刚才说了，我们学校的生源大都是当地失地农民的孩子。我那天在微信上问她，你现在做什么呀？我知道她没有考上本科，她读的是高职，学的是护理专业，正在实习。她说，明年6月毕业，要找工作。我就自作主张想帮她，其实也帮不上，毕竟我当教师，与医院没联系。但我还是问了问我在医院工作的学生，这个学生是我80年代教过的，结果我这个学生告诉我，李老师，现在的护士至少必须是本科。我一听就凉了，这样的孩子还有出路吗？但是她不泄气，正在努力争取拿本科文凭。我在微信上鼓励她：“人生的路很长，永远都别灰心。”她回我：“我会凭自己的努力找到好的工作。”我又说：“说得对！前面还有许多困难，但永远保持善良！”我问她还记得我们的校训吗？她回复我：“让人们因我的存在而感到幸福！我永远都不会忘记。”

我们做老师的幸福，不是在于学生中有一两个拔尖的科学家、艺术家，而是每一个学生都能保持初心，永远自强不息，永远纯真善良，“让人们因我的存在而感到幸福”。因为人是教育的最高价值。我们学校的学生百分之八九十都是当地失地农民的孩子，家庭条件都不是特别好，我告诉孩子，不要自卑，虽然你们的家庭背景不是那么显赫，但关键是看自己。在挂于教学楼的巨幅照片上，曾经有我写给孩子们的几句话，我读一读这几句话，作为我今天演讲的结束：像风一样迅猛，像火一样热烈，像鹿一样敏捷，像鹰一样飞翔……青春的翅膀，拍打着天空；成长的足音，震撼着大地。告诉未来我能行，告诉世界我来了！向着太阳，激情出发！

谢谢大家！

**张志勇**

北京师范大学国家高端智库教育国情调查中心主任
中国教育三十人论坛成员

# 以正确的教育政绩观引领教育生态重构

2019年，我刚到北京师范大学，参加了明远教育奖的颁奖活动。当年的明远教育奖给了两位国外的教育家，一位是日本的佐藤学先生，一位是哈佛大学的霍华德·加德纳教授。霍华德·加德纳教授没有来现场，他有一个视频演讲。他说："我做的是多元智能理论，有一本书叫《多元智能》，为我们国家提供了很重要的理论指导。但我今天已经不关心这个问题了，我关心的是这个时代人类如何驾驭智慧，关心的是价值观问题。"刚才几位先生都谈到了人最终是思想、价值观的塑造，是人心灵的灵魂塑造问题。教育的根本目的是什么？是为人的成长、为人的健康、为自由而奠定基础。我们追求理想教育，但理想和现实之间有巨大的反差。我今天的发言题目就是《以正确的教育政绩观引领教育生态重构》。

这里面有很多话语，当前的话语体系让我们感到豪情满怀，人类教育有美好前景，大家都在谈人工智能时代，数字变革怎么引领教育变革。但我们所担忧的，是内卷压在教育工作者的心头，学业负担过重问题、心理健康问题越来越严重。心理健康问题只是新冠疫情三年带来和激化的吗？不是的。这只是进一步让教育问题爆发的契机而已。现在学生的心理问题低龄化、普遍化、严重化，这是一个越来越让人担心的话题。培养拔尖创新人才成为一些地方抢生源的话题，还有一些地方抢超前学习的学生，还是追求升学率，背后的价值观还是升学。

这种升学本位和应试教育短视化、功利化的教育行为，严重弱化了教育生态。刚刚谈教育，说到教育过程和学历过程，我要说教育永远不过剩。什么时候过剩呢？每个人需要接受充分而自由的教育，现在是在应试教育下过度了，而教育是匮乏的。现在有一种声音：初中有半年多时间在复习，高中有 年多在复习，这个时间是浪费的。目前的知识学习和考试是在应对加速，而把教育过程抽掉了，还有社会实践探索的过程吗？没有了，都抽空了。这是错误的政绩观带来的越来越严重的问题。

## 一、落实立德树人根本任务　呼唤良好教育生态

落实立德树人的根本任务，我们呼唤一个良好的教育生态。习近平总书记一直在强调，教育的根本任务是立德树人。我们要看到功利化、短视化的教育行为远离了立德树人的使命，我个人判断教育的生态被破坏了，这是落实立德树人根本任务最大的问题。如果教育环境不改变，校长、老师都很难改变。局长、校长、老师不懂教育吗？不是的。目前制度化的环境，使有些局长也好、校长也好、老师也好，没有办法静下心来追求心中的教育理想。

我跟一些老师沟通，他们说如果学校每天每周都考试，学生考完都要排名，处罚最后几名，怎么和孩子进行心灵对话，怎么给孩子做社会实践呢？老师们遇到的问题，校长们遇到的问题，局长们遇到的问题都一样。

我 2008 年给局长说，今年冻结高考状元，所有的高考指标不再往县里放，不会让你们拿到高考数据。局长、校长们都高兴，我们相当时间内是管住了。局长说，我今天有一个安静的心情，可以交流问题。过去拿到成绩以后，市长、

书记会找到我。如果考得好，表扬两句，然后又说，明年指标要上涨。如果考不好呢？不知道明年局长还能不能干。在这样的环境下，如何落实立德树人的根本任务呢？邓小平同志讲，制度是管根本、管长远的。我们的教育评价指挥棒指向哪里，教育就引导到哪里。

目前的教育生态在很多地方已经被破坏了，为什么被破坏了呢？教育的初心还是育人第一吗？我在山东跟很多人聊，能不能形成共识：到底学校教育是育人第一，还是升学第一？这个问题不好回答。但很多地方是升学第一，而不是育人第一。在这样的情况下，德智体美劳的体系被肢解了，劳动教育没有了，体育和美育被边缘化了。

我们的学校教育、家庭教育、社会教育同质化了。我是中国家庭教育协会的副会长，我们有真正的家庭教育吗？家庭教育是生活教育、美德教育，目前家庭教育都是补课、作业。我最近在调查科学教育，很多校长、老师讲，如果搞探究学习是不可以的，因为课时不够。大家想过没有，我们的教育要回归生活和实践，不是回到课堂上的生活和实践，而是回到生活教育和社会教育的实践里面去。因为没有真正的生活教育和社会实践教育，我们的探究教育做不了。我现在讲，学校教育、家庭教育和社会教育都在做一件事，都是为了升学，没有真正的社会实践教育和家庭教育。

教育法规对教育的规制失灵。孩子的休息权，这是法律规定的。教育法律对教育规则还管用吗？孩子白天晚上都上课，节假日缩短。教育科学规律被抛弃了，孩子睡眠 6 个小时到 7 个小时，这样好吗？大脑的运行科学是这样吗？不是的。教育生态被破坏了。

## 二、“唯分数”“唯升学”的教育政绩观，严重助推教育功利化、短视化

2018 年，习近平总书记在全国教育大会上指出：有什么样的评价指挥棒，

就有什么样的办学导向。素质教育提出20多年了，取得了一定进展，但总的看各地区成效不够平衡。说到底，是立德树人的要求没有完全落实到体制机制上，教育的指挥棒在中小学实际上是考试分数和升学率……这是一个必须解决的老大难问题。

错误的教育政绩观，突出表现在用考试分数和升学率评价教育。长期以来，“经济发展看GDP，教育发展看升学率”成为错误的教育政绩观的真实写照。近年来，这种错误的教育政绩观不但没有得到扭转，反而愈来愈严重，不仅用升学率、重点升学率考核评价教育系统，甚至用“北清率”评价考核教育部门、学校和教师。这样做的话，我们的教育如何走出一条健康的道路呢？

### （一）错误的教育政绩观根源

一是错误的教育政绩观，根子在于背离了党性、丢掉了宗旨、抛弃了信念。

二是宗旨偏了，不是以人民为中心，而是以个人的政绩为中心。

三是道路歪了，用市场机制解决公共服务问题，用竞争机制解决学生之间的关系问题。学生之间的关系是竞争，学校和学校的关系是竞争，用市场办法解决教育问题，这是达尔文主义在教育领域的体现。这不是教育，教育是每个人都不能掉队的。这是公共教育，是公共利益。

四是方法错了，无规矩竞争，违规办学。在经济领域还有法治，在教育领域有没有规制呢？

### （二）错误的教育政绩观，助推功利化、短视化的教育行为

我列举一些：违规争抢生源；早起、晚睡，严重剥夺学生正常睡眠；在非工作日加班加点；在周末、寒暑假、法定节假日组织师生集体补课；校外培训超前学习；高中提前招生、教授新课；重视升学考试科目课程，弱化德育、体育、美育、劳动教育课程；学校提前结束课程准备中考、高考；用考试成绩给学校、教师、学生排名排队；片面依据考试成绩、升学成绩奖惩教育系统。

我在山东分管高考时，专科最低录取线越来越低，之前是200分，然后180

分、170 分、150 分。大家想想 750 分的满分，100 多分就可以上大学，这意味着什么呢？胡乱答都能上。我们制造了大量跟不上学习的学生。因为高中三年里不断加速，不断提前接触新的课程，这是功利化教育带来的。

（三）错误的教育政绩观的危害

1. 危害人民群众的整体利益，把少数精英的利益最大化了。

2. 危害受教育者的根本利益。每一个受教育者全面健康成长的三大利益（身体健康、心理健康和人格健全）都受到了影响。

3. 危害受教育者的长远利益。大量的实践学习被抽掉了，就业谋生的核心素养形成受到了极大的危害。

4. 危害受教育者的当前利益。单一长期的应试训练在降低学生的兴趣和效率，违背孩子学习的意义感知，这些孩子在升学的道路上已经被淘汰了。

## 三、树立正确的教育政绩观，加快教育生态重构

树立正确的教育政绩观是引领教育生态重构的根本，习近平总书记曾四次谈到克服教育的功利化、短视化。

2018 年，习近平总书记在全国教育大会上强调指出：现在，教育最突出的问题是中小学生太苦太累，办学中的一些做法太短视太功利，更严重的是大家都知道这种状况是不对的，但又在沿着这条路走，越陷越深。要坚决克服唯分数、唯升学、唯文凭、唯论文、唯帽子的顽瘴痼疾，从根本上解决教育评价指挥棒问题，扭转教育功利化倾向。

2021 年 3 月 6 日，习近平总书记看望参加全国政协会议的医药卫生界、教育界委员时强调：教育，无论学校教育还是家庭教育，都不能过于注重分数。分数是一时之得，要从一生的成长目标来看。如果最后没有形成健康成熟的人格，那是不合格的。现在的孩子心理问题比较多，有的很小的孩子心理问题一

大堆。

2021 年 5 月，习近平总书记主持中央深化改革委员会审议《关于进一步减轻义务教育阶段学生作业负担和校外培训负担的意见》时，再次强调：义务教育最大的问题是功利化、短视化问题没有得到根本解决。

2023 年 5 月 29 日，习近平总书记在主持中央政治局第五次集体学习时强调，建设教育强国基点在基础教育，基础教育搞得越扎实，教育强国步伐就越稳，后劲就越足。……要在全社会树立科学的人才观、成才观、教育观，加快扭转教育功利化倾向，形成健康的教育环境和生态。

### （一）最大的教育政绩是让人民群众享受美好教育生活，而不是升学率

为官之道，首在政绩观。围绕政绩为谁而树、树什么样的政绩、靠什么树政绩等问题，习近平总书记发表了一系列重要论述。

1. 习近平总书记说，树立和践行正确政绩观，起决定性作用的是党性。只有党性坚强、摒弃私心杂念，才能保证政绩观不出偏差。共产党人必须牢记，为民造福是最大政绩。

2. 2012 年 12 月，十八届中共中央政治局常委同中外记者见面时，习近平总书记庄严宣示：人民对美好生活的向往，就是我们的奋斗目标。

3. 2021 年 4 月，习近平总书记在广西考察时指出：让人民生活幸福是“国之大者”。

### （二）满足人民群众对美好教育生活的新期望

我们是不是让人民过上美好的教育生活呢？满足人民群众对美好教育生活的新期望，教育应有“三个坚守”：育人第一、健康第一、人格第一。人民群众的教育观念在发生变化，对教育美好的期望也在发生变化：96.13%的家长教育观念开始发生积极变化，82.68%的家长“把孩子身心健康放在第一位”，71.68%的家长“更加关注孩子全面发展”，69.14%的家长“更加注重与孩子沟通陪伴”，56.38%的家长“更加理性确定孩子学习目标”。人民群众对美好教育

已经做出了自己的期望和选择，我们应该去满足。

（三）树立正确的教育政绩观，要坚持科学的教育发展观

坚持以人民为中心发展教育，而不是坚持以个人政绩来发展教育；不能急功近利发展教育；坚持系统思维发展教育；坚持尊重教育规律发展教育；坚持依靠教育科学发展教育；坚持底线思想发展教育。

我们现在集中全县之力建一所好的高中，其他高中呢？其他职业学校呢？为什么我们的高中这么卷，大家看看高中教育的差距多么大。教育要追求平权化、平等化，这个问题不解决，教育不可能走出目前的局面。

（四）依法依规推进教育生态重构

我讲几点：全面推进依法治教；走尊重规律、依靠科学改革创新教育教学之路；大力构建德、智、体、美、劳全面培养教育体系；重建学校、家庭、社会协同育人新生态；全面推进育人方式变革；积极深化中考、高考改革；依据立德树人成效评价教育。

**汤　敏**

国务院参事
友成企业家乡村发展基金会副理事长
中国教育三十人论坛成员

# 教育公平的另一端：如何培养拔尖创新人才

我一直在做乡村公益教育。长期以来，我们与北京师范大学等关心农村教育的机构一起进行的“青椒计划”培训了近20万名乡村教师。在关心乡村教育、推动教育公平的过程中，我们还注意到一种倾向掩盖了另外一种倾向，即对拔尖创新人才关注与培养不够的问题。这是一个小众化的课题，但很重要，争论也非常大。

为什么说这个题目很有争议呢？第一，什么叫拔尖创新人才，这本身就不好定义。不同的人有不同的看法，这就形成了争议。第二，是人们常问创新人才是培养出来的吗，对他们应该给予特殊照顾、特殊培养吗？第三，对拔尖创新人才的特殊培养，会不会与教育公平相悖？这些都是非常值得讨论的问题。成立教育三十人论坛的目的就是要鼓励百家争鸣，各种各样的思路和想法都可以来交锋，在这篇文章中我想讨论一下这些问题。

我们都非常关注教育公平，但是看待公平有不同的角度。现代的教育都是分班分年级的课堂教育。一般一个老师要教50多个学生，只能按中等程度来讲课。接受能力较慢的学生跟不上，接受能力强的学生吃不饱。从根本来说，要按孔夫子的方法，因材施教才是真正的公平。在孔夫子、亚里士多德的时代，学校基本上是私塾式的教育，大体上可以做到因材施教。但工业化后要进行大规模教育，因材施教就被弱化了。现在对后进学生的特殊帮助，对贫困地区学校的帮助，大家认为是教育公平，都很支持；但对那些拔尖的学生给予一些特殊的帮助，有人就认为不公平。事实上，拔尖创新人才往往是在教育公平中被忽略的另一端。

应当看到，培养拔尖创新人才对当前的中国来说有着特别重要的意义。在很长的历史时期中，我国的经济形态是追赶型的，从 0 到 1 的创新没那么重要。对标更先进的发展形态，对标先进的技术，复制过来加以微改进就行了。但是当中国经济、中国科技在很多方面逐渐走进无人区的时候，从 0 到 1 的创新就变得非常重要了。今天和将来的中国社会、企业和科技界，非常需要一批拔尖创新人才来推动。这还不用说，我们还面临着一些国家正在推动的与我国科技脱钩的危险。这更需要我们自主创新和更多的创新人才。

实际上，我国早就十分重视对拔尖创新人才的挑选和培养。改革开放初期就有着中科大的少年班、西交大少年班、东南大学少年班等。在中小学，也有北京八中、人大附中、东北育才学校、西安高新学校等对超常儿童不同方式的特殊培养。20 世纪 90 年代，教育部先后分五批建立了 106 个“国家理科基础科学研究和教学人才培养基地”，进行基础学科领域的高层次人才培养。近年来，更有大家所熟知的由教育部等推动的“基础学科拔尖学生培养试验计划”（“拔尖计划”）；中国科协与教育部共同实施的“英才计划”，教育部在部分高校开展的“基础学科招生改革试点”（“强基计划”），以及很多高校自主开展的拔尖人才培养模式探索，如清华大学的钱学森班，武汉大学的数学自强班，复旦大学的计算机科学拔尖人才试验班和数学英才试验班，以及清华大学实施的丘成桐数学科学领军人才培养计划、北京大学实施的物理卓越人才培养计划等。这些项目都在探索如何超常规地选拔和培养拔尖创新人才。

**那么，对于下一步的我国拔尖创新人才培养，现在还缺什么？**

第一，还缺乏对拔尖创新人才选拔培养的法律法规保障。我国目前对拔尖创新人才的挑选和培养基本上处于自发实验与零散化项目支持状态，很容易受到来自社会对教育公平性的质疑。事实上，受教育公平、义务教育均衡发展等多种因素影响，早期在各地的对超常儿童特殊培养项目招生规模不断缩小，由于各种原因很多项目不得不停摆了。从国外教育实践来看，制定符合国家宏观战略的政策法规，为拔尖学生培养提供依据，是回应公平性质疑的主要途径。如荷兰的《适当教育法案》，美国的《天才儿童教育法案》，俄罗斯的《构建发现和发展青少年天才的全国体系方案》，英国的《追求卓越学校教育法》，以及韩国的《英才教育振兴法》等，都明确提出应该在特定领域对具有特殊才能的学生提供有差别的教育机会。

第二，是在当前我国以总分制为评价学生学习成效的教育体制中，有对学霸型的人才过度呵护的倾向，而对那些在某个学科表现特别突出、别的学科表现一般的偏科式的学生关注不够。什么叫学霸？即门门功课都优秀的人才。各地确实都有这么一批学生，德、智、体、美、劳表现都非常突出。这些都是北大、清华、211 大学的候选人。事实上，按照现在的高考制度，你要进北大、清华，哪一科的分数差了都达不到总分的高分，就进不去。这样的以中考、高考总分挑选人才的模式有利有弊，可能存在的问题就是出现大量的高分低能学生的现象。这样训练出来的学生有可能会非常谨小慎微，一切按标准答案回答，生怕失去几分进不了北大、清华。这样的环境有可能不利于一些创新人才的成长，特别是一些偏科的奇才、怪才学生有可能会在我们目前的这套体系下过早地被淘汰。

人类历史证明，世界上很多的重大创新、社会的很多进步，往往是由一些天才、偏才、怪才所推动的。举几个例子。爱因斯坦小的时候经常逃课，数学和物理甚至都不及格；牛顿小时候成绩经常不及格；大物理学家霍金小学成绩不好，曾经留过级；咱们中国的大数学家华罗庚，初一数学是通过补考才过关的；大科学家钱伟长，当时高考的成绩总分才225分，他后来在学术上很成功的那些领域，如化学、数学等，两科加起来才考了20分。这样的事例不胜枚举。试想一下，如果这些人才在小学时就被淘汰了，我们的社会能进步到今天这样吗？值得担忧的是，在目前我们的考试体系下，这样的人才很早就会被淘汰掉。钱学森之问给我们敲响了警钟！

第三，在通过各种考试、科学大赛方式对人才的挑选方式中，非常重视数学、语文、物理、化学等这些传统学科。而现实世界更多的是在跨界创新、在边缘科学上的突破。对在跨学科领域表现突出的人才关注不够，社会科学领域的创新人才更没有表现的机会，而社会科学领域人才对人类进步的贡献是不容忽视的。还有一个地域的问题，我们现在对拔尖人才的挑选，基本上都是在大城市里的优秀学校中挑出来的。而在农村学校、县城学校、中小城市中的学校中也有特殊人才，但他们可能根本就没有参与竞争的机会。

**怎么办？**

第一，可以考虑在制定《中华人民共和国特殊教育法》里加上对拔尖创新人才的培养这一条。现在一谈特殊教育，谈的都是对残疾儿童等给予帮助。那些偏科的奇才、怪才、拔尖创新人才，也是特殊人才，也需要特殊教育。混在一般的学生中给予一般性的教育，对他们也不公平。这些人是极少数人，要作为特殊人才把他们保护起来，给一些特殊的帮助，他们才能更好地成长起来。根据国际成功的经验，通过法律法规对这样的学生的识别、挑选、培养、师资、经费等给予一定的规范，既可对在特定领域具有特殊才能的学生提供不同的教育机会，又能回应社会上对教育公平性的质疑。

第二，扩大和完善“英才计划”“拔尖计划 2.0”“强基计划”等行之有效的项目。适度扩大五大科学竞赛的范围，增加人工智能、工程、环保等以及其他跨学科内容的竞赛，增加社会创新方面的竞赛，让在这些竞赛中出现的拔尖人才能得到更好地培养，让“偏才”“奇才”有更多的崭露头角的机会。针对社会上各种学科竞赛过多，影响了正常的教学秩序，近年来有关部门规范了学科竞赛，但也要注意不能因噎废食。对于一些比较偏科的学生，他们有可能能够在这些竞赛中有杰出的表现，应该多给他们一些这样的机会。

第三，扩大拔尖创新人才的选拔和培养的地域范围。对于农村学校、县城与中小城市的学生，由于当地的高水平的创新课程、科学实验资源不足，难以对这些拔尖创新人才给予特殊培训。可以探索以数字化手段为支撑，以线上线下手段相结合的方式加大对拔尖创新人才的培养规模。随着 AR 眼镜技术的不断改善，一些科学实验有可能远程参加，甚至可以实验仿真，要充分利用这些新的技术来更广泛地培养拔尖创新人才。在严格挑选的基础上，将拔尖创新人才选拔和培养范围扩大到农村学校、县城学校和中小城市学校的中小学生中去。在高等教育中，也可以把选拔和培养拔尖创新人才推广到非重点大学和职业院校的学生中去。

第四，支持平台型拔尖创新人才培养的模式探索。拔尖创新人才培养的方式也要创新，目前一些平台式的跨地域、跨学科、跨学制的拔尖创新人才培养试点正在进行。最近，我们到中科院院士郑泉水教授在深圳办的零一学院调研。这个学院是在全国几百个优秀中学和大学中挑选出创新能力特别强的学生，根据在过去十多年间郑泉水教授在清华大学主持的钱学森班培养拔尖人才的经验，举办的一个对拔尖创新人才培养的学校。平时学生各自在自己的学校中正常上学，每年有一段时间可以到深圳来，由各专业学术领域的教授级导师教学，进入针对各个学科的实验室做一些创新研究。一些国内知名大企业也参与这一项目，把企业遇到的一些问题拿到这里来寻找解决方案，学生也可能到企业去参与研究。用这样的方式来充分激发和挖掘学生的天赋和潜能，为这些学生未来能成为国内或者国际上某一个领域的创新者打下基础。我们希望国内有更多这样的创新培养平台，让更多的年轻人受益。

第五，防止以培养拔尖创新人才名义掐尖，形成新内卷。挑选和培养拔尖创新人才是一个大好事，但要把好事办好。我们谈的拔尖创新人才面对的是少数人，是特殊教育。在宏观上，我们还是要维护好正常的教育生态和教育公平，要将创新精神、创新能力培养作为主要价值取向，特别是要防止出现把挑选拔尖创新人才等同于寻找那些考试成绩好、竞赛成绩好的学生，防止部分地区或者学校以拔尖人才选拔之名行“掐尖”之实，把一些学习尖子放在一起培养，争取多一些学生被北大清华录取、被重点大学录取，进一步强化了当前的应试教育的现象。这会破坏教育公平和良好的教育生态，造成新的教育内卷。

**刘　坚**

北京师范大学中国教育创新研究院院长

# 2023 年中国教育创新环境评估报告

大家好！特别高兴有机会做这样一个交流。我们受中国教育三十人论坛的委托和邀请，做了 2023 年中国教育创新环境指数的评估报告。我特别感慨杨东平老师谈到的日本、韩国。2012 年，中国政府向一些国际组织征求对中国的改革发展建议中，总结有六点，最后一点谈到教育。报告中，欧盟理事会对中国政府的教育改革有一个呼吁或建议，与其向美国、欧洲学习，不如向邻居韩国和日本学习。同是东亚的儒家文化圈，同样曾经都重视学历、重视考试、重视分数，但是韩国和日本的教育已经发生了深刻变革。我今天的话题从三个方面展开。

**第一，项目背景**

近 10 年，我和我的团队完成了以下的工作：2015—2016 年，受全球教育创新峰会委托撰写研究报告《面向未来：核心素养教育的全球经验》；2017—2018 年，与美国 21 世纪学习委员会合作提出“核心素养 5C 模型”；2015—2019 年，创办并连续举办了五届中国教育创新成果公益博览会；2018—2019 年，完成了中宣部国家智库咨询报告《未来我国教育发展重大风险研究——谨防学业过剩》；2021—2022 年，出版了教育创新前沿丛书《5C 核心素养：教育创新指南针》。

我们尝试回答三个基本问题。一是为什么要进行教育创新；二是如何遴选优秀教育创新成果；三是如何营造政策、实践、社会友好型的教育创新环境，也就是今天和大家要分享的内容。

要进行教育环境指数的评估，需要有一个评估的基本框架。我们在 2020 年和 2021 年用了两年时间，形成了评估框架的指标体系。指标体系有 3 个一级维度，即政策环境、实践环境和社会环境，一级维度下面有 11 个二级维度，形成一个简易的评价框架。2021 年，我们发布了这个框架的主要体系，同时发布了 2021 年度的《中国教育创新环境指数报告》。2022 年，我们和中国教育三十人论坛联合完成了 2022 年的《中国教育创新环境指数报告》。这两份报告正式发布是在 2022 年，一个是 9 月份，一个是 12 月份，引起了一些媒体的关注。

**第二，基本结果及理念比较**

刚刚讲了背景和基本框架，介绍了 2021 年和 2022 年的情况，下面介绍 2023 年的基本数据结果以及跨年度的比较。采取抽样方式，每一个省两个媒体。由于时间和精力因素，主要集中于纸媒。第一个媒体是各省最权威的日报，就是省委、省政府的日报；第二个是各省发行量最大的晚报或面向公众的报纸。每个省选两大报纸，然后从中系统抽样，提取相应的数据。

以 2023 年为例，我们在这些媒体中提取了 28011 篇新闻报道，这是总量。从这些新闻报道中看和教育相关的话题，用 3 个一级维度和 11 个二级维度进行数据的编码、采集和分析，误差控制在 1%左右。

一级维度有 3 个，政策环境、实践环境和社会环境。整体上 2021 年至 2023

年，教育创新指数呈现缓慢增长趋势。因此我们总结了一句话：我国教育创新环境指数连续两年保持正增长，教育创新政策环境指数改善相对明显。

首先是政策环境。里面有 5 个二级维度：教育创新评估问责、教育创新队伍建设、教育创新文化建设、教育创新财政支持和教育创新组织保障。这 5 个二级维度中，其中教育创新评估问责持续在低位徘徊。

其次是实践环境。有 3 个二级维度，分别是成果交流推广、校长教师发展和育人方式变革。数据显示：实践环境方面，对成果交流推广的关注比例持续偏低。

最后是社会环境。这里有 3 个二级维度，分别是社会机构教育创新服务、社区教育创新支持和家庭教育创新氛围。整体上社会环境方面，对家庭教育创新氛围、社区教育创新支持的关注度不够。

以上是整体环境和 3 个一级维度的基础数据的基本状态。

我们对 31 个省、市、自治区过去三年作了数据分析。下面是教育创新环境总体及各个维度连续两年显著上升的省份名单。

**教育创新环境总体及各个维度连续两年显著上升的省份名单**

| | |
|---|---|
| **总体** | **北京、河南、宁夏、四川、山西、江苏、河北、黑龙江** |
| **政策环境** | **山东、河南、北京、山西、甘肃、河北、黑龙江、青海** |
| **实践环境** | **宁夏、广东、河南、陕西、海南、四川、河北、黑龙江、湖南、青海、山西** |
| **社会环境** | **天津、辽宁、吉林、黑龙江、河北** |

## 第三，年度热点及主要发现

通过年度热词，有四点重要发现。

主要发现一：这是2021年的热词，有党史、课后服务、“双减”、培训、规范各类活动等进校园。2022年的热词，有高考（改革）、（创新）人才培养、校外培训、科技、规范各类活动等进校园。2023年的热词，有规范各类活动等进校园、（创新）人才培养、育人（方式变革）、高质量（教育）、产教融合。2023年的热词是高质量（教育）、产教融合和育人（方式变革）。产教融合针对职业教育，育人（方式变革）和创新人才培养与高等教育关联度更高。

主要发现二：各大媒体曝光了教育问题清单。我们做了2022年和2023年的数据库，里面有相应的对照。2022年是校外培训乱象、教育乱收费、疫情保障不力、忽视弱势群体。2023年是校外培训乱象、校园霸凌、学生心理健康、“鸡娃”。

主要发现三：在这28011篇文章中，其中围绕教育的报道里，关于教育评价的新闻报道，有近40%是学生考试、排名和考试分数高低。这件事情值得引起我们关注，因为2020年之后，特别是在评价方案出台以后，中央提出“十不准”“一严禁”，这是非常严厉的。各省省委、省政府的媒体和大众媒体都在党的管理之下，中央提出“十不准”“一严禁”，但媒体还在顶风作案。2023年3月25日的《辽沈晚报》，报道的题目是《距2023年中考不足百日，辽沈晚报“赢在中考”系列报道启动——本报专家团为考生家长出谋划策》；2023年6月25日的《新华日报》报道《江苏高考逐分段统计表公布》，明确公布了这个省份超过630分以上的学生是163人。

主要发现四：关于创新人才培养是这两年的持续热词。我们发现，新闻报道重心在高等教育，占比超过80%；基础教育仅有的8篇文章，均在探讨超常儿童选拔和集中培养。

我们今年做了一个课题，是关于服务中小学生创新能力培养的课题，用了 3 个月时间，形成了相应的成果。这个成果在《人力教育》的第 12 期发表了，题目是《基础教育阶段创新人才的培养误区及范式转变》。

我们的研究指出，当前基础教育创新人才培养存在着两大误区：一是将"智力超常""成绩优异"的学生狭隘的等同于创新人才，二是强调中小学创新人才的"层层选拔、集中培养"。而从现有的研究中发现，这恰好是我们国家在基础教育创新人才培养方面的重大误区。

下面谈谈根本出路。

学校提供多样化和可选择的课程，每个学生自主选课走班。从表面看这是专业问题、技术问题，本质是教学哲学问题，是关乎教育本质、教育基本规律的问题。每个学生充分而自由地健康成长、自主发展，才是一个国家、一个民族的希望所在。同时，也是教育强国建设的应有之义。实践证明，这种自下而上、激发人人创造力的"自主生长模式"，可以营造杰出少年不断涌现的学校生态。

我们做研究，很明确不使用"拔尖"。因为"拔尖"这个词，是和人的成长、人的自主性、人的充分发展是背道而驰的。让每个人更加杰出，让杰出的少年不断涌现，要在基础教育阶段就给予关注，让每个人都绽放。中国台湾地区的"繁星计划"已经有 20 年了，让每一所高中繁星闪耀，让每一所高中人才辈出。

让每一个孩子在选择中学会选择，在选择中激发好奇心、求知欲，在选择中承担风险、学会担当、铸牢责任，在选择中发展自我、规划人生，这是建设教育强国、全面提高我国人才自主培养质量的根本所在。

# 生成式人工智能教育变革论坛

李永智

中国教育科学研究院党委书记、院长

# 以数字化开辟教育发展新赛道

生成式人工智能对教育改革和发展的影响，一定会在未来教育发展领域里成为大家关注的主题。

生成式人工智能是 2022 年 11 月 30 日 OpenAI 发布 ChatGPT 到现在为止，一年多来在数字技术发展、人工智能技术发展领域里面迭代最快、影响最快、带来的各种惊喜最多的话题。今天在这里我只是从自己的观察角度来谈点自己的看法。

我们都知道，在工业社会之后，影响我们发展的有四个非常重要的技术阶段。第一个就是蒸汽机，它把人的力量放大，或者能力放大。第二个就是电，电的发明使我们对于工业控制自动化上升到一个新的阶段。第三个就是大家熟知的互联网，互联网将人与人、人与物全面地联系在一起，这种联系使世界一体成为可能。比尔·盖茨认为，最新的生成式人工智能技术带来的颠覆式的影响可以和前三个一样深远，也就是说我们对生成式人工智能的认识，应该站在和这三个技术发展同样的一个水平上来看。

人工智能并不是一个新词，从 1950 年开始就已经有对人工智能技术的讨论。人工智能有三个发展阶段：第一个阶段就是会计算、能存储，第二个阶段是能听会说、能看会认，第三个阶段就是要能理解、会思考。最早的时候，基本是通过规则方法来做这方面的研究和功能迭代；30 年之后才出现了基于统计方法的人工智能的发展；到了 2010 年，又大概 30 年之后才出现了深度学习，我们知道的深蓝、神经深度网络，都是那个时候出现的。

去年出现了基于认知大模型的能理解、会思考的人工智能新阶段。我们怎么认识这件事呢？我在今年三四月份的时候还有一种观念，现在的生成式人工智能虽然让大家惊喜和惊讶，但是因为它本身技术的局限性，是不可能和我们人的智能相媲美的。这个局限性是什么呢？人的智能是概念推理，我想一个事情都是从这个意义、逻辑上去进行推理，所以会有创造性出来。生成式人工智能，或者人工智能，按照英文直接译过来应该叫“人造智能”，人工智能就有美化它的意味。人工智能是什么？实际上是一种概率推理，就是出现的每一个字、每一个词都是通过概率推算出来的。如果说是过去大数据训练推算就仿佛是看后视镜开车，现在的计算机所拥有的计算的基本原理是什么？是二进制，是一个在低维度上的无限展开，它把我们所有的运算、存储都变成一种加减关系。这样的低维的东西怎么可能出现高维的智慧呢？这是我原来的想法。这就像我们用一张纸，无论如何是无法来表达一个立体的东西所具有的丰富特性的。

但是后来正如 OpenAI 的掌门人萨姆·奥尔特曼所讲，他也不知道为什么会有这样的奇迹产生，他说这样的奇迹用大家的话来说是大力出奇迹。但是我们后来再看一看，其实有一定的因素，有可能黑箱子创造性地出现了一些我们意想不到的智慧。为什么？第一，人的大脑有 860 亿个神经元，而现在到 ChatGPT 出现的时候，它用的参数是 1750 亿，基本上是人的神经元的 2 倍。第二，在形成 ChatGPT 过程中有大量的微调和人工训练，当微调和人工训练参与进去的时候，相当于把人的智慧融合进机器智能里了。从这样的角度来讲，具有一些人的智慧和我们意想不到的智慧是完全有可能的，而且随着它的参数增加，完全有可能又产生出我们想象不到的智慧。从原理上讲，人思考的方式和机器思考的方式不一样，但是我们不应该就一棒子打死说机器的思考达不到人的创造性。这是我今天最新的认知，不一定正确。

我们看到人工智能迭代速度很惊人。就在 2023 年 12 月 6 号，谷歌发布了 Gemini，它是把多模态综合进行训练。这和 ChatGPT 把多模态、不同模态分别转化是不一样的，又是一个升级，而且在性能上极大超越了 ChatGPT。这说明什么？说明生成式人工智能技术、大模型技术的发展日新月异，而且是超越发展。

我们看到，2020 年 11 月 ChatGPT 刚出来的时候，美国、德国是禁用的。但是到了 2023 年 3 月之后，就出现一个很大的变化，各国开始从禁用转向指导性使用，不是放开用，是指导性使用。所谓指导性使用，就开始出现一些指南、手册。指导性使用就是这个趋势不可阻挡，而且积极参与才是正确的态度。

这就是我刚才讲的，我们对生成式人工智能未来的影响要有一个认识。霍金斯提到人类大脑中有 860 亿个神经元，大脑皮层中包含超过 100 万个突触，视觉、听觉、触觉、语言、概念、表达这样大概分布。而我们现在在大模型的模拟过程中，还没有解构出来人是怎么思考的，怎么做梦的，怎么去创造的，但是已经逐渐在接近我们所能达到的功能和效果，这是非常值得关注的事。

有一个词叫“涌现”，什么是涌现？当大量的数据混杂在一起的时候会有一个我们想象不到的、找不到原因的智能出现，这叫涌现，这是一个专业术语。我们现在在使用大模型时经常说：你看我问它一个问题，它回答我是一本正经地胡说八道。实际上在早期，这就像一个小朋友回答问题一样，确实有可能是这样的。但是再往后期，就有可能在知识的幻想过程中智慧产生。

在目前这个阶段，还处在把语言、文字、声音、图像分着来做训练的时期，现在 Gemini 已经把这几个多模态合在一起了。这几个能力里面，文本生成、语言理解、知识问答、逻辑推理、数学能力是指什么？是要突破概率推理这件事。数学是什么？是只有一个正确的答案。当它能实现像人一样有数学能力的时候，就接近了人的智慧能力。最可怕的是什么？是代码能力。大家想想，如果一个机器有了代码能力，就意味着它可以真正自己创造自己，自己调整自己，自己升级自己，那么对于人类来讲，是不是它的可控性就变得越来越弱？这种代码能力是我们最值得警惕的一种能力，而今天 Gemini 的代码能力已经超越现在人类 85%受过训练的程序员。

现在的机器智能是概率推理，人类是概念推理。概率推理是一本正经地胡说八道，正确的学术说法是“知识幻想”。正因为有了知识幻想，才有未来的智慧诞生，向概念推理的演进。从认知智能大模型到多模态智能大模型，Gemini 告诉我们是可以做的。

前面讲了这么多，实际上在讲什么事？就是讲 ChatGPT 这种新技术的出现带来的将超过我们所经历的互联网和前面若干移动互联网，是革命性技术对于人类文明的影响，有可能跟核能一样，成为改变世界也蕴含着毁灭世界的新的技术变革。昨天有一个校长跟我谈，你不要讲变革这么厉害，我们还是要脚踏实地地按照传统的方式去教学的。我说，我们目前传统的教育确实没有变化，尽管讲教育信息化、数字教育，但是我们学校的教育还是过去几百年来的传统式、工厂式的培养模式。但是这不意味着随着技术的发展和社会的变革，不会出现整个教育和社会的一种陡变，或者叫质变。教育可能是最难发生、最具惯性和保守力量的，但是它不是不会变化的。

教育会怎么样变化呢？有研究显示，人工智能到 2026 年将达到成年人的最高水平。用不了两三年，人工智能在阅读理解和数学推理方面就能超过人类。大家想象一下，当生成式人工智能这种新技术有这样一些强大的能力，会给我们带来什么影响呢？我们可以用它帮我们写作文、编代码、完成题目，帮我们做我们能想到的很多事情。

在文明进化过程当中，人类的惰性会造成一些功能的退化。20 年前，就有一个美国的研究团队对人的记忆能力做了一个对比试验，一组使用计算机帮助记忆，一组不使用计算机帮助记忆。只有半年的时间，使用计算机帮助记忆的对照组人员，大脑当中的记忆区就萎缩了。我觉得这是很可怕的。后来想想也是，本来我们身体很强壮，如果一点也不动就会肌肉萎缩、功能退化。当我们的逻辑思维能力、建构能力、判断能力、概念能力等高阶认知能力，被生成式人工智能提供现成帮助的时候，未来会不会出现群体性的、在机器智能发展时候的智能对话？这是不是一个有可能出现的情况？这是在教育领域里面第一个需要面对的问题。

第二，生成式人工智能所具有的价值观，和参与的一些数据人员所具有的文明背景和民族、文化、价值观的倾向有很大的关系。而参与训练的这些人并不一定是每个人平均参与，那些愿意发言、愿意参与互动的人影响力更大。那么这种人群的偏向、民族的偏向、文化的偏向，对未来的生成式人工智能主导的社会价值观，是不是会出现某种偏向？对于学生来讲，他认为机器出现的东西应该是很客观的，会不会迷信它？这样的情况下是不是误导学生？

还有判断能力。我们现在形成的习惯，是不懂的东西在网上搜一下，以为搜索引擎出现的内容就是正确的。今天你用人工智能，不管是 OpenAI、ChatGPT，还是 Gemini，搜出来的东西实际上就有可能是用概率算出来的，是一本正经地胡说八道。而对于学生和大众来讲会相信这些，因为他觉得这有可能是真的。这种判断能力、是非判断能力、内容判断能力也变得非常重要。首先是价值观和判断能力，其次是社会伦理道德体系，就有可能因为机器智能的参与受到颠覆。

如果机器能做这么多事情，我们未来的学生和人类应该学什么呢？我们应该学机器做不到的事情，拥有超越机器的能力。它有两维我有三维，它有三维我有四维，要有驾驭它的能力。超越机器智能的能力是什么我们不展开讲，可以讲社会情感能力，高阶的认知能力，机器一定在高阶思维上是弱于人类的。还有就是学习型，未来人类想什么时候学习、学什么，必须要对学习型社会有一个更广泛的定义。未来在学校学习和日常学习当中，教育作为一种社会形式，它的目标、内容、模式、体系将和今天学校的模式彻底不一样。就像刚才讲的学的，内容不一样，所以培养目标也不一样。模式可能是自主式学习，可能是元宇宙式的游戏化、浸入式学习，还有可能是人与机器互动的相伴成长的过程，这个过程提升人对于机器的驾驭能力和认知能力，整个教育体系将彻底颠覆。

这种情况下还带来一个什么变化？就是未来很多机器可以干的工作，机器智能可以干的工作，必然会把人淘汰下来。不要说淘汰简单的工作，连科学家们做的一些高分子实验研究工作，做完之后马上形成论文发 SCI（科学引文索引）。因为有了人工智能，科学家几年的工作，生成式人工智能几小时、几分钟就可以完成。科学家都要失业，就不要说其他的工作了。这就意味着整个社会分工将进行调整，也意味着整个就业结构要发生变化。

这种变化都对今天的教育提出了警示，也提出了我们要解决的问题，从长远来讲这是可预期的。人的智慧原理解构以后，能够出现内容智慧的思考方式、超越人类简单概率的推理模式。现在 ChatGPT5 的参数量是 1 万亿，已经比 1750 亿增长了好几倍，未来还会继续增长。即使没有先进的模式，用大力出奇迹的方式，这种可能性也是存在的。

那近期会有什么影响呢？我们的培养目标、学习方式、教学方式、教育管理、教育内容都要变革，我认为最直接的影响是老师。老师在讲课的时候会发现，他要讲的内容学生可以轻松地比他知道得更宽更广，甚至会提出他根本想象不到的问题。老师的权威何在？教学知识点的逻辑架构如何建构？老师将非常难以把握。再说教学。原来是老师教学生，现在一下就改变了，你不用教他，老师、人工智能和助手三者之间的关系怎么重新定位，会变得让人非常期待。这个时候我们做的第一件事，就是让广大的老师、学生充分认识到生成式人工智能将对人类文明发展、对社会就业和未来社会的发展产生颠覆性的影响，要学会接触、了解和驾驭它。

OpenAI 首席执行官萨姆·奥尔特曼讲，GPT 系列为何会出现推理能力，OpenAI 的研究者自己也搞不明白。他们也许是真搞不明白，也许是假搞不明白，因为真搞明白了很可怕。我们现在看后视镜开车是很危险的，但是一旦在后视镜里能够看到所有的可能，是不是就没有危险了？把前方所有的可能都计算在内，不存在小概率事件，是不是就没有风险？

面向未来有这些建议：一是尽快开展有组织的人工智能认知教育，这是教育者今天的社会责任，也是面向未来的责任；二是建立政府主导，适合未成年人的安全、公益、可控的纯人工智能训练模型；三是针对人工智能对教育的影响，开展有组织的科研；四是培养智能时代新型教师队伍，可以运用和理解生成式人工智能，并对学生给予辅导；五是加强校长培训，一个学校校长是掌舵人；六是严防人工智能教育应用中的意识形态风险；七是鼓励开展人工智能的教育实验；八是关注国际人工智能教育前沿实践。

**刘　偲**

北京航空航天大学教授

# 大模型时代人工智能的机遇和挑战

我是来自北京航空航天大学的刘偲，我在北航除了教学之外，也是相关的人工智能的从业人员，一直从事人工智能相关的算法研发，已经有十余年时间。我今天的报告可能会稍微偏技术一点，也会有教育专业的应用。

刚才李院长提到的 Gemini 这样的算法，其实都聚焦在多模态的人工智能，我们课题组也做了一些图像生成、音乐生成和语言生成相关的模型。

## 图像生成模型

可能大家觉得 ChatGPT、GPT4 或者是 Gemini 这样的模型最擅长的是做语言生成，可以跟它进行对话，但其实 OpenAI 除了有 GPT 系列之外，还有一套同步的图像生成和视频生成系列模型，也是一个系列的名字，叫 DALL · E。最早是 DALL · E，后面叫 DALL · E2，最新的叫 DALL · E3。在 DALL · E2 以后就用到 AI 算法里面的扩散模型，用来生成一些图片。DALL · E3 是融合了 ChatGPT 的原生构建，可以做进一步的细化提示。我们可以看一下 DALL · E2 的生成结果：比如我们让它生成一个手托棕榈叶的图片，我觉得这个图片非常漂亮，都可以当摄影的获奖作品了；要生成一个小狗戴着贝雷帽、穿着高领衣服，DALL·E2就已经能够生成得栩栩如生。DALL·E2以后，DALL·E3有进一步提升。比如我们要生成一个NBA球员打篮球非常热血沸腾的图片海报，DALL·E2已经生成得很漂亮了，DALL·E3会有更好的效果。我自己和阿里有一些相关的合作，比如生成“双十一”的海报，其实也是类似的技术。

## 音乐生成

除了图像生成之外，另外一个多模态是声音，可以做音乐生成。

这是谷歌相关的工作，可以基于一段文本生成一段音乐。比如这个文本上写的是生成游戏音乐，如果是需要快节奏、激昂的电子乐，而且需要重复，可以有很好的效果。

除了基于文本生成音乐，另外一个多模态的打通，是给定一段视频加上BGM（背景音乐）。比如这个视频，我们可以看到生成的音乐节奏和动作是相关的，当他已经腾飞起来的时候这个鼓点会变得更慢一些。再往后是音乐的补全，我们知道贝多芬去世了，所以没有完成第十交响曲，德国的人工智能专家就把它给谱完了，用AI续写了贝多芬的第十交响曲。

在音乐教学方面，我们也关注到了中央音乐学院已经设立了音乐人工智能系，他们也会生成这些交响乐，交响乐有小提琴、大提琴，这是音乐生成里面比较难的。除了生成这些音乐之外，OpenAI还做了根据指定的流派、艺术家和歌词生成演唱视频，会有人声在里面。

我自己在北航也做了一个相关的工作，给定一个输入视频，可以把它转化成一些可控的音乐。这里可以指定要的乐器，比如吉他、钢琴；可以指定流派，是乡村音乐还是电子乐。我们北航校乐团的同学，有架子鼓手，还有钢琴手和吉他手，当时他们来找我做这个项目的时候说，他们有做音乐的兴趣爱好，又想学人工智能，能不能把人工智能用在他们喜欢的音乐领域。所以就做了这么一个工作，也获得了比较多的认可。这是我们生成的效果，这些视频都是我们同学自己拍的一些 Vlog（视频网络日志），BGM（背景音乐）是算法生成的。前两段是同学们自己拍的，最后一段是把二次元的动漫拿出来试了一下，背景音乐生成得也还不错。

## 语言模型

现在 Gemini 更好了，已经有李院长提到的“智能涌现”的现象，可以做很多事情。比如我让它写一首有关北航的古诗也能做得不错；让它生成一个文案，以及让它做逻辑推理，都可以做得不错。

这是当时 GPT-4 发布会上提到的例子：这边是气球，中间连一根线，问它如果把这根线剪断会怎么样。它能很好地理解图片，并且理解自然语言，输出说它会飞起来。我们当时觉得非常震撼。其实当时 GPT-4 出来之后，我们这些做人工智能的老师还很焦虑，就觉得它们什么都做了我们做什么？GPT 推理能力就相当于做了一个引擎，GPT-4 的推理能力要比 ChatGPT 好很多。

## 赋能教育

生成式人工智能可以从两个角度赋能教育，一个是从学生的角度，一个是从老师的角度。

从学生角度来说，可以进行一对一教学，会生成人工智能助理，可以帮同学们安排好每天的日程，可以成为一个私人学习顾问。我们做的这些图片、视频、音乐的生成，可以辅助它做艺术教育。北航的新媒体学院插画系老师也觉得人工智能生成的图片可以激发学生的灵感，可以先生成简图，随后再修正。

对于老师来讲，生成式人工智能可以帮助他设计课程，并且可以协助他备课。现在生成式人工智能已经可以生成 PPT，或者生成教辅，可以作为课堂的助教。我在北航协助计算机网络程序的老师做了一个 AI（人工智能）的 QA（质量保证）助教，同学们在做实验的时候有任何问题都可以登录 AI 小助手，通过跟 AI 小助手问问题，及时给他答复。毕竟一个班很多同学，老师不可能一一照顾到，如果有 AI 助教，相当于每个学生都有助教，私人化的助教会更好。刚才也有提到可以做到很多作业的评测。

## 未来展望

大语言模型随着数据量、参数量、模型参数以及算力越来越多，已经出现了“智能涌现”的现象。我想说现在的大模型不光是一个生成模型，还有很强的规划能力，可以像控制中枢一样调用很多 API（应用程序编程接口）和工具。比如做机械臂的控制、视觉问答，或者是做一些游戏，另外也可以辅助做一些科学、社会实验。这是斯坦福大学做的斯坦福小镇，里面有很多很多小的智能体，它们可以与环境进行交互，可以在里面吃饭交流。这实际是模拟人类行为的智能体。

现在大家都非常强调提高学生的动手能力，如果把生成式人工智能或者大模型结合到机械臂，它们可以做很多有意思的事情。比如说让它把衣服进行分类，它就可以理解你的语言，去做这个事情；让它把玩具放到抽屉里，或者回收垃圾罐，扔掉垃圾，它都可以理解你的想法并做相应的执行。还可以作为一个化学实验的小助理，比如我想做什么实验，你给它一些自然语言的提示、一些指令，机械臂就可以帮你混合一些东西，搅拌一些化学物品，帮助你去做这个实验。

## 面临挑战

大模型还是有幻觉的问题。比如说有一个实验调查，有多少人被大模型的幻觉困扰过，发现大部分体验者都碰到这样的问题。比如它的回答是错误的，有很多事实性的错误，包括 GPT 系列难以进行可靠的数值计算，同时难以作为可靠信息来源。所以我们在使用这个大模型的时候，需要考虑到可能会出现的一些错误，需要提醒注意。

还有一些和教育应用相关的挑战。

第一，是可能会惰化学生思维，因为大模型可以给出任何文理科的答案。我们试了一些偏导数的问题问它，它不仅能把答案做对，还可以给出非常完备的思维过程。如果学生过度依赖大模型的话，可能会跳过自己独立思考的过程，抑制独立思考。

第二，可能会误导学生的认知，还是存在一本正经地胡说八道的问题。比如我问了 ChatGPT 一个问题，我说：宋代诗人刘偲代表作有哪些？我显然不是宋代诗人，我也没有什么代表作，它还跟我说刘偲是一名宋代著名女诗人，这个就是不正确的回答。大家应该有这样的分辨能力，能够自动去识别虚伪的新闻、评论、社交媒体，不要被它们误导。

第三，是意识形态问题。之前李院长也提到因为训练数据可能带有偏见，比如里面对不发达、欠发达地区有不好的引导。如果不加指引的话，学生可能会被带偏，会有价值导向的不正确，包括极端思想、暴力、仇恨或种族主义，都会对学生产生不好的影响。

总的来说，不管是对人工智能从业人员，还是对于教育者来说，大模型时代给我们提供了很多的机遇，也带来了很大的挑战。

**曹培杰**

中国教育科学研究院数字教育研究所副所长

# 生成式人工智能教育变革路径

刚才李院长讲了一段话我印象特别深刻：机器会不会写代码呢？机器会写代码了还需要码农吗？码农开发生成式人工智能，最后把码农职业给消解掉了。听了专家们和领导们的报告以后，我自己有深深的危机感，我感觉这个会议办完以后也不需要我了。说实话，我是希望刘偲老师讲技术的，结果她讲完了，我觉得教育还有什么搞头呢？

2023 年的诺贝尔经济学奖公布了以后，克劳迪娅·戈尔丁，我一看这个获奖者的名字，怎么这么熟悉呢？我突然想到实际上她是搞经济学研究的，她也是教育经济学家。除了研究女性在劳动力市场里面的特点以外，2008 年，她写过一本书，这本书的题目非常醒目，就叫《教育与技术的赛跑》。她是经济学家，这本书的研究都是通过实证研究方式开展的。这本书全面梳理了美国这 100 多年来社会发展的过程，研究发现美国这 100 多年来整个社会的发展实际上就一条主线，这条主线是什么呢？就是教育和技术之间的赛跑。如果教育发展速度跑在了技术发展速度的前头，我们就能够培养出来一大批高质量的人才为经济社会发展提供巨大的人力资源支撑，整个社会发展就会进入快车道；一旦教育发展速度落在了技术发展速度的后头，有一大批人接受的是过时的教育，进入社会之后只能从事那些尚未被技术所取代的职业，从事这些职业以后两极分化逐渐拉大，拉大到一定程度，就会对经济社会发展带来巨大的影响。

这个观点跟我们对教育的理解是一致的，教育在某种程度来讲至关重要，尤其是随着科技大发展，教育的作用更加凸显。我们可以回顾一下，世界强国无一不是教育强国，教育始终是强国崛起的关键要素。

我们可以做一个简单的梳理。比如第一次工业革命时期世界中心是哪里？是英国。我们看到英国在第一次工业革命时期傲视群雄，但实际上背后有一个特点，什么特点？英国在全世界率先实现了小学教育的普及。工业革命一方面是蒸汽机技术的发明创造，另外一方面很重要的是有人力资源的支撑。所以具备读写算能力的一批标准化的产业工人，为第一次工业革命的兴起起到了至关重要的作用。

第二次工业革命中心从英国跑到了德国，背后的密码是德国的中等教育得到大的发展，职业教育遥遥领先，德国制造一直到现在仍然是一个闪亮的品牌。

信息革命时期，世界的中心又跑到美国，美国引领信息革命的背后是什么呢？是美国率先实现了高等教育的普及。

我们今天又进入一个时代，就是生成式人工智能时代。各行各业都离不开它，怎么样去应对新的科技革命的浪潮？我们唯一的出路，或者说唯一的解决之策就是教育。为什么说我们今天的会议从某种意义上来讲是至关重要的？我们不能再谈生成式人工智能这不好那不好，我们要落实到教育里面怎么用，从应用角度来思考。我们今天既要利用新的技术促进教育教学创新，更重要的是通过教育的优先转型，让教育强国建设有更好的支撑。

ChatGPT、文心一言、讯飞星火，这种新的生成式人工智能从某种意义上来讲，不仅仅是人工智能技术上的突破，也代表了新一轮科技革命演进的态势。不是一种简单的技术，是一种战略的转型，科技革命战略的转型。这种战略的转型一定会影响人类知识的获取方式、思维方式和教育方式，未来我们获取的知识从书本、从搜索，会不会变成从生成式人工智能，从这种遍布于生活各个方面的数字助力、虚拟助力？未来是不是也可以通过虚拟主持？我想以后再办会，是不是请一半真人主讲嘉宾，还有一半自动生成，看谁能 PK 过谁。现场点赞，点赞率高的多讲一讲，点赞率低的少讲一讲，说不定我们比不过它。

上周我去参加了北京市教委的座谈会，当时有一个技术专家讲了一个观点：往年程序编程的世界比赛获奖者，有人参与，也有技术参与。到了 2022 年，全都是人，机器编程比不过人类编程。2023 年获奖者前 38 名全都是机器，第 39 名才是人。我当时听了很震惊的，编程是结构化的东西，未来对我们的学习和生活影响很大。

为什么国家要实现教育数字化转型？就我个人体会而言，转了才行、不转不行。我们特别呼吁教育领域的管理者、实践者，千万不要再认为数字化可有可无。对很多学校来说，数字化工作让分管后勤的副校长来抓，是作为学校比较重要的保障工作。我个人体会，应该成为学校的战略性工作，甚至应该成为我们的一把手工程，这是时代赋予教育新的特征。

在生成式人工智能教育变革的过程中，我们的路在何方呢？

## 一、赋能：提高“标准化教育”的运行效率

这不是生成式人工智能的特点，其他所有新的技术进入各行各业的第一步，往往是从替代烦琐机械的任务开始的。上海的洋山港里面全都是数字孪生，全都是机器，没有人，全都是算法，全都是通过数据来操作运行。为什么能够实现无人化、自动化？是因为这些全都是机械化的操作流程。

生成式人工智能进入教育，我认为第一步也是从替代烦琐机械的教育任务开始。当然，教育总体来说是一个创造性的活动，但是不可否认，这里面仍然有大量机械化、重复性的活动，否则就不会出现职业倦怠了。

比如学情的诊断。我们现在不鼓励让学生做各种各样的题，不鼓励让学生做测试，但是对于老师来说很难啊，不测试怎么掌握学情？测试的出发点不是为了排出一二三四的名次，更重要的是通过这种测试了解孩子们真实的学习情况。一个班几十个学生，老师批改作业的任务是非常重的，带有非常强的机械化、重复性特点。所以我觉得第一步就是要利用新的技术，在这种机械化、重复性的劳动里发挥作用。

比如说，很多学生学了一节课之后还会有一些疑难点，这个疑难点有可能没有突破。过去的方法怎么做呢？就是老师再找到这种孩子，一对一有针对性地辅导。当然有的地方，比如我了解到的，像宁波就专门把特级教师、名师全部动员起来，把难以突破的点制作成微课，放到平台上。孩子们遇到的问题虽然各种各样的都有，但是不同的层次都有同一类型的问题，把学生分成不同的层次，不同的层次都有最好的老师来给学生针对性地辅导。生成式人工智能不再是把学生分成几个层次，完全可以针对每一个学生实际的特点进行最有针对性的指导、最有针对性的辅导。我觉得未来可能是这样的，包括自动出题和批改，这块的任务在老师们的负担里面占了很大的比重。我个人认为，生成式人工智能在这个领域前景无限，在这个领域里面做出来实实在在的技术解决方案，对于学校来说接受度最高、最容易，因为这是它的痛点。这个痛点如果能够通过技术力量突破，生成式人工智能在学校里面落地的可能性就非常高了。

我们这次会主要谈怎么落地，跟过去作业批改和自动出题是不一样的套路：过去作业自动批改是靠语义的判断，我们今天利用大模型，利用生成式人工智能就更加精准。

通过在以上这些环节率先发挥作用，我觉得生成式人工智能可能会在这些领域真正落地，让老师从重复性的劳动中解放出来，从事那些最有价值、最富创造力的工作。老师应该成为课堂里的科学家、工程师，他要解决教学的问题，而且通过科学的方法去解决，所以老师应该是最富创造力的，他应该成为一个设计者、创造者，绝对不是教学的师傅。

## 二、变革：促进“标准化教育”进入“个性化教育”

到了第二步，就进入变革阶段。在变革阶段，生成式人工智能的作用会越来越大，有可能会变成一个智能的导师。这个智能导师可以针对不同的任务情景，进行针对性的因材施教。可能以后每一个学生都会拥有像孔子、像苏格拉底一样的全能型教师，而且这种全能教师每天都陪伴他左右。而且越跟这种全能型教师对话、交流，它会越了解学生的特点，会越全能、越智慧。

当然不仅仅是每一个学生拥有一个智能老师，每一个老师拥有一个智能助教。不仅仅是这样，每一个学生也会有虚拟的学伴，这个虚拟的学伴真的像你的同学一样。但是这个虚拟学伴跟你永远是相向而行，跟你永远是同频共振，它就相当于数字世界你的化身，同时里面注入了教育新的理念、教育学的规律，所以它既是最懂你的，同时也是最专业的，它会陪伴你的成长。

我们过去讲的个性化都是一个人的个性化学习，未来我们有了生成式人工智能，人也能数字孪生。现在讲的都是技术的数字孪生，工厂的数字孪生，医院的数字孪生，教育也可以。而且通过这样的数字孪生，我们每一个学生的个性化学习会变成一群人的个性化学习，这个是前所未有的。一群人的个性化学习，居然在今天有可能变成一个实实在在的逻辑。

这种生成式人工智能还可以自动生成资源。我们大家都知道老师制作微课，要设计脚本，自己要拍摄，拍摄完了以后自己要编辑、要剪辑，需要做大量的工作。现在生成式人工智能不是只接触文字，是多模态的，不仅仅能够输出多模态，也能接受多模态信息的输入，事实上和人已经几乎完全一样了。人是典型的多模态的生物体，过去一段时间这种生物体只有动物，或者说只有人类有这么强的智能。但是现在生成式人工智能也拥有了多模态的能力，也拥有了五官感知的能力，也拥有了多模态输出的能力。未来做微课，你觉得还是老师一个一个去做吗？只要将需求说出来告诉大模型，它就能够自动生成，做得不好可以让它改嘛，而且它改得永远比你改得要快。

不仅仅是微课，除了微课，以后所有的都可以生成吗？比如我们能够生成什么？我们要做一个学校的网站，据我所知，现在在 A4 纸上用铅笔画一个图就能够把网站给做出来。通过这样的一种方式，就能够给学生提供定制化的学习方案，让过去的大规模标准化教育逐渐走向大规模个性化学习。

## 三、重塑：打造区别于工业时代的教育新形态

随着变革层面不断深化，未来会重塑一个区别于工业时代的教育新形态，未来生成式人工智能一定会成为教育里面的底层技术。我们现在都讲教育数字底座，以后有可能教育发展需要智能底座了，数字底座也要升级了。技术越发达、越先进，越是会隐身于教育的背后，你感觉不到它，就像呼吸一样。生成式人工智能未来也是这样，隐身于教育的背后，当然越是隐身作用越大，从根本上会改变工业化的教育形态。未来学校一定会按年龄分班授课吗？教学内容还是固定的编排，不可能通过生成吗？教学流程还是统一的教学进度吗？有可能重新定义。可能还有班级、学科、校园，但是内涵是完全不一样的。未来的教育领域，原有的最核心的内容、最核心的概念，内涵都会进一步被技术撑大，我们将会形成一个新的教育图景。

总的来说，未来路漫漫还非常长远，这个过程中一定会遇到很多很多的艰难险阻。但是好在我们有这样的平台，有教育的力量，有科技的力量，有人才创新，咱们大家一起扛。

**杜荣贞**

北京市海淀区教育委员会主任

# 数字化转型下海淀教育创新发展中的“思变”与“思辨”

大家下午好！很荣幸能够借此机会，与教育同仁交流在数字化转型下海淀推进教育创新发展的一些思考和工作。

海淀区是全国知名的经济强区、科技强区，创新主体多元，创新活力强。2022 年全区 GDP 首破万亿，区域内有以中科院为代表的科研院所 96 家、国家实验室及全国重点实验室 106 家、大学 30 多所以及超过 1 万家的国家级高新技术企业，同时，海淀区又是教育强区，是北京市基础教育规模最大的区，各级各类学校、幼儿园有 400 多家，教师规模达 4.5 万人，占北京市的六分之一；在校生 41 万人，占北京市的近五分之一。目前，承担着全国智慧教育示范区、“基于教学改革、融合信息技术的新型教与学模式”试验区、人工智能助推教师队伍建设试点单位、教育部中小学教育质量综合评价改革试验区等多个国家级实验项目。

下面，汇报交流三个方面。

## 一、开放、包容：教育发展新形势下的“思变”

数字化教育以其技术赋能的内涵和创新驱动的特征，对推动教育系统全面变革，构建更加公平、更有质量的教育体系具有重要的支撑引领作用。面对以ChatGPT为代表的生成式人工智能等新技术、新产品，我们需要抱着“开放、包容”的心态积极识变、主动求变、科学应变，让技术的进步更好地赋能教育的创新发展。

海淀区在数字化转型下推进区域教育创新发展的过程中，紧扣教育数字化转型的脉搏，注重把握教育部从“应用为王、服务至上、引领示范、安全运行”向“应用为王、服务至上、简洁高效、安全运行”转变的内涵，基于海淀区域实际和发展需求，积极拥抱各种新技术、新产品，确定了以满足可持续高质量发展为目标、以解决实际问题为导向、以融通应用壁垒为支点、以促进规模复制为路径，抓住环境、应用、数据、安全、生态等关键要素，最大化发挥区域禀赋、最优化配置区域资源、最强化提供保障措施，在保持当前海淀教育质量、特色、水平的基础上稳步推进区域教育的创新发展。

海淀区坚持实用化发展，基于真实的、核心的业务场景需求，按照区域统筹、集约高效、绿色安全、自主可控的原则打造了云—网—端一体化的新型智慧教育支撑体系，大规模、精准化提升各级各类教育系统的信息化基础支撑能力。先后统筹实施了教育智慧云中枢、高速教育城域网、互联网统一出口、多元化智能终端、视讯系统、雪亮工程、智能考务巡查、智慧教育公共服务平台、教育数据支撑平台、教育业务应用集群等项目，从根本上解决教育系统各级各类用户对基础设施资源的共性需求。

海淀区坚持实践化发展，追求常态化、高频化、融通化的落地实践应用，结合不同阶段教育发展特点，积极探索数字教育场景应用的创新点，找好技术解决现实教育问题的突破点。海淀区以教研为核心构建了“云培训”“云研修”“云巡课”“一体化联研”的智慧教研模式，成体系向域外辐射；海淀区以科研为核心搭建了各种特色实验室和智能学习体验中心，着重关切数字化背景下的青少年德育和师生心理健康，探索更广泛、更先进的教育应用场景。

在区域统筹的基础上，我们还鼓励区域各学校根据自身办学特色及实际需求，深耕特色化应用场景，呈现出智慧校园建设百花齐放的繁荣生态。比如，海淀区第二实验小学在“双减”背景下，深度融合作业和教学场景；清华大学附属小学打造“智慧共生”教育场景，推动“协同育人”内涵发展；五十七中学全流程、多维度、系统化深入推进“双师课堂”；北京市育英学校在智慧校园建设过程中，将人工智能技术与体育学科融合，在教育教学过程中积累大量的学生行为数据，为建构学生的数字画像、学情数据模型、教学效果分析等提供了有效依据。

为进一步凝聚政、产、学、研各方合力，更好地推进区域教育创新发展，海淀区委、区政府成立了海淀互联网教育研究院，汇聚政、企、研、校、社各方面的教育专家，建立教育数字化转型的产学研联盟，科大讯飞、百度、腾讯、网易、有道等科技企业均是海淀互联网教育研究院的成员单位。

面对生成式人工智能给教育带来的发展机遇，海淀区秉持开放、包容的态度正在积极地尝试和探索，例如，海淀区教科院在面向全区中小学教师开展的数字素养培训活动中引入了讯飞、星火等大模型相关知识的系列培训；在海淀区教委与清华大学共同成立的人工智能拔尖创新人才早期培养实验班的课程设置上除了数字思维、计算思维、程序设计等内容外，也将生成式人工智能纳入其中。

此外，海淀区还鼓励各学校结合自身需求去积极探索生成式人工智能在教育教学中的应用，比如海淀区进修学校附属实验学校运用生成式人工智能进行了生成数字人辅助教学和生成绘画引导学生创作的探索；中国人民大学附属中学利用生成式人工智能进行了辅助中学语文作文教学的探索；北京市十一学校龙樾实验中学进行了生成式人工智能辅助体育教学中生成个别化训练处方的探索，尝试解决针对学生个别化训练处方制定的困难。

## 二、审慎、理性：科技教育融合发展中的“思辨”

科技和教育是海淀最耀眼的底色和最闪亮的名片。在教育与科技的融合中，海淀教育形成了丰富生动的智慧教育发展实践，既坚持“开放”“包容”的态度积极拥抱科技与变化，也坚持“审慎”“理性”的态度推进新技术新产品在教育教学中的应用，按照“需求牵引、试点先行、典型引路、示范推广”的路径策略稳步推进区域教育的创新发展。

海淀区以智慧教育创新应用场景—— 一零一中学教育集团未来实验学校为突破点和试验场，构建教育数字化转型下人才培养新模式。在这个试验场中，北京大学、清华大学、同济大学、中科院等高校和科研院所，科大讯飞、腾讯、中科大脑等科技企业共同创建了人工智能实验室、前沿计算中心实验室、先进与智能车辆技术创新实验室、计算所芯片集成电路实验室等创新学习空间，并探索出了40余个创新应用场景，积累了试点先行的成功经验并取得了良好的成效。

通过总结一零一中学教育集团先行先试的经验，我们制定了符合海淀教育集团化发展的信息化技术、资源、教学、课程、管理等标准，优先打造总校区智慧教育群落式生态圈，然后进行模式输出，建设集团校的其他分校。目前，像双师课堂、精准教学、智慧体育、智慧心育等均已在海淀其他集团校进行广泛的推广和应用。

在推进教育创新发展的过程中，新技术、新产品也在不断地涌现，这些新技术、新产品一方面对教育的创新和变革产生了重大甚至革命性的影响。例如：大数据和知识图谱技术可以让学习者的学习过程更加个性化和智能化；VR/AR

技术能够提升学习者学习体验的沉浸感和丰富性；尤其是以 ChatGPT 为代表的生成式人工智能技术以其强大的自然语言对话和生成内容的能力，可以整合应用到辅助教师教学、协助管理决策和智能学情分析、精准资源推送等多个教育场景中，辅助教师处理知识检索、多类型文本生成、作业批改等标准化和重复性任务，帮助学生生成个性化学习方案、推送精准化学习资源等，可以有效帮助师生实现减负增效。另一方面，新技术、新产品的出现也给我们所有教育工作者带来了重大冲击和反思，也就是如何实现教育改革与科技创新同向相行、联动互融，如何反思并改进我们的教育。

教育是有温度的，教育的过程离不开人与人的情感互动，教育除了在知识层面的培养外，还有更重要的能力素养层面、价值观层面的培养，教育的本质始终是帮助个体实现个体自我价值及满足社会发展需求。我们在看到科技给教育赋能的同时，也必须要看到其背后的隐忧，比如部分教师可能会过度信任人工智能，在过度依赖中导致自身能力衰退，逐渐丧失自身对教学的反思能力。

尤其是以 ChatGPT 为代表的新一代人工智能技术已经具备了能够完成专业学术论文、通过顶尖大学考试的能力，而部分学生，尤其是义务教育阶段的学生，由于缺乏自律意识，过度依赖技术，可能会导致学生能力和素质滑坡，反而不利于学生成长和教育发展等。因此，我们需要在审慎、理性的基础上积极拥抱变化并推动教育的系统性变革，加快教师信息素养提升和角色转变，完善人才培养体系，善用生成式人工智能等新技术、新产品来变革教育教学方式，更加关注学生的逻辑思维、批判性思维和创造性思维以及创新解决复杂问题的高阶能力，培养符合未来智能社会需要的时代新人。

## 三、升级、转型：探索具有海淀特色的发展路径

后续，海淀将进一步优化完善区域教师培训体系和课程方案，将生成式人

工智能与教师信息素养提升更加有效地结合起来。同时，发挥好海淀互联网教育研究院的“智库作用”和海淀区教科院的教科研引领作用，为学校探索生成式人工智能与教育教学的融合做好技术、产品和服务上的支撑。此外，海淀还将发挥先行先试、示范引领的作用，积极研究相关教育应用的制度设计，规范生成式人工智能技术在教育中的应用边界，明确有效的应用方法和模式。

未来，海淀将紧跟国家教育数字化战略行动部署，继续发挥区位科技与教育优势，围绕“立德树人”根本任务，持续推动海淀教育的创新发展，进而形成具有海淀特色的教育创新发展路径，为实现我国教育现代化的发展目标提供样板参考。

谢谢大家！

卢 宇

北京师范大学副教授
北京市未来教育高精尖创新中心人工智能实验室主任

# 生成式人工智能的教育应用与展望

今天主要是从教育和人工智能交叉学术领域的研究，以及我们北师大做的实践探索，给大家做一些分享和汇报。

大家都知道，2022 年 11 月的时候 ChatGPT 开始出现，2023 年 3 月有了 GPT-4，11 月有了 GPT 的 Turbo，12 月有了 Gemini，发展非常迅速。实际上，教育在人工智能交叉研究的范畴上也很活跃，有很多工作在沿着技术的路线进行探索。

对于生成式人工智能来说，技术基础是预训练大模型，预训练阶段需要大量的算力、数据，这个基础上需要有迁移学习的阶段，可以做相关的下游任务的适配，可以利用不同的场景数据去适合不同的下游任务。其实从教育这个角度，类似的工作一直在开展，尤其在研究领域，包括从基础的教育数据到教育领域知识都在作为基础，来为生成式人工智能做基础性的工作。这些本质上是从数据+知识驱动的角度去构建相关的基础模型，这些基础模型的目的，很大程度上是为了深入理解教育对象，包括各个学段学习者的行为、意图、语言等。

我们希望通过这些基础数据加上基础模型的构建，深入理解教学资源，理解教学资源的属性、关联、语义等，最后是理解教学交互过程。在这个过程当中，我们可以构建相关教育大模型，现在还没有纯粹用教育数据去训练的基础模型，很多时候需要通用大模型再加上教育数据构建。最终的目标还是希望在研究领域能够构建不同的适配特定教学内容和教育场景的系统平台和基础模型，包括对于教师教学的智能辅助，对于教学资源的自动生成，包括我们现在谈得很多的人机协同的支持，这些都有很多细分的研究点。

计算机领域有非常多的学术会议，包括人工智能学术会议，教育也有教育领域的学术会议，教育跟人工智能交叉点上也有高水平国际会议，就是人工智能与教育国际大会（简称 AIED）。AIED 今年是在日本东京召开的，有一些大家能看到重要的研究方向，比如包括大语言模型在教育场景下的应用，大语言模型支持下教育内容的生成，大语言模型有效标准化教育系统接口研究，众包与外包教育大模型构建，还包括相关的伦理问题研究。这些都是教育人工智能领域学术界非常关注的点。

当时在东京的时候，我们跟美国的卡内基梅隆大学和孟菲斯大学共同举办了大模型教育应用的研讨会。从研讨会题目上可以看出，内容包括利用相关的大模型做计算机课堂的自动辅助、语言学习的自动辅助、教学内容的生成，用大语言模型做数学自动解析、相关的编程辅助研究等。最佳论文是从教科书当中自动生成选择题，这看似是一个很简单的问题，但实际上从研究上来说，真的能达到人类之前出题的水平还是非常难的。这个工作实际上客观分析了大语言模型做选择题的自动生成是在哪些指标上达到了或者超越了人类的程度，哪些还不行。

以上可以看出，教育人工智能领域紧跟人工智能相关的技术发展，同时有很多自己的独特的研究热点。在联合国教科文组织的倡导下，我们也关注宏观问题。今年 11 月联合国教科文组织召开了亚太地区的专门针对生成式人工智能的教育研讨会，提出了一些重要的建议，包括组建多方利益相关者和国家人工智能教育咨询机构、建立相应的框架法规道德标准、在中小学幼儿园阶段引入人工智能素养的培养、培养教师有效整合生成式人工智能的相关能力等，我们北师大团队也参加了相关工作。

以上是目前研究领域的状况。

基于国家重点研发计划重点专项，我们在做农村地区的教师教学能力的智能测评与精准教学辅助。当然这里传统上用一些人工智能的经典模型做课堂的音视频分析，可能做一些教学能力的评估、教育学基本的分析指标。同时我们也希望利用一些生成式人工智能，做成可以落地的服务一线农村教师的解决方案，比如我们现在在做基于大模型的人机协同教学方案生成。农村教师教研欠缺完整的教研体系，很多时候教师备课会遇到困难，我们给教师提供的系统，一方面可以提供教师选择优秀的教案，可以直接拿来用；另一方面我们用教案智能组装的方式，把不同的步骤进行重新组合适配；或者基于教师和系统的交互，把教师的需求只要用自然语言讲清楚，我们就可以用人机协同的方式生成对应的个性化教案；或者可以有自主备课的工具，完善教师目前的教学资源。所以，我们是给教师提供不同的备选方案，这样可以充分使教师的备课更加智能化和高效。

今天很多的专家领导也提到，我们还是需要把人工智能尽早尽可能高质量地引入中小学课堂中去。传统的人工智能课程已经开始在很多省市做得很好了，包括广东省、青岛市开始普及中小学人工智能教育。生成式人工智能的到来，很多时候意味着以前的知识需要更新，很多讲授给中小学学习者的内容和方式需要有一些变化。北师大联合宋庆龄基金会、腾讯、相关的国际合作组织，以及重要 IP 方，比如“喜羊羊与灰太狼”的 IP 做了中小学人工智能启蒙课程，希望能够把生成式人工智能的理念和基本的体验引进去。

我们更多地希望能够创作构建沉浸式、体验式、交互式学习环境，希望增强学习的目标感、反馈频率和角色代入感。大多数启蒙阶段零基础的孩子属于低年龄段，我们希望能够引起他们对人工智能的兴趣，以及将来使用人工智能的动机。比如在作画环节，学生可以简单做一个草图，简单勾勒几笔山和水，我们可以用生成式人工智能跟他共创，可以使用不同风格，比如中国画风格、卡通风格或科幻风格。还有 AI 作曲，学生只需要简单勾勒五线谱基本的起伏，选择不同风格的音乐，很容易让学生得到以他画的线条为底本的乐曲。这样的话，通过各种各样的沉浸式体验和沉浸式的游戏环节，帮助学生理解生成式人工智能是什么，是不是可以跟它一起做很多有意思的工作。

我们相关的课程，在北京的北师大实验小学、中关村三小都做了试点，目前已经在全国 14 个城市的 21 所小学落地。在教育部的指导下，我们准备在重点农村地区的小学也开展相关的活动，包括甘肃、山西等这些地方。我们把生成式人工智能以及重要的人工智能的基础性概念，及早给学生们做启蒙和普及。

最后简单谈两点。

我们在整个研究和实践的过程当中，确实也看到了生成式人工智能在教育应用中的一些局限和问题。比如，现在生成的内容其实不具备可解释性，而且也没有明确的依据。目前来说，很多实际的应用已经开始随着技术的变化越来越不可控制。虽然已经有了各种插件和完善的方式，包括利用知识库增强生成事实性的能力，包括怎么把幻觉尽可能减小，这些还是处在摸索和探索的阶段。

在构建不同的研究和应用过程当中，我们发现大模型从中文语境理解上整体上弱于英文，各种各样的教育应用还是需要有更好的中文语言大模型的知识，包括多模态大模型的支持，相关企业和公司做了非常好的尝试。另外，不是所有的场景都有生成式人工智能实际的应用，潜在的应用也是有限。包括有些恶意的使用，包括知识产权风险、法律风险，以及在一部分任务上的高成本，这些是我们目前从研究到实践层面观察到的挑战。

**谢阳斌**

之江实验室智能教育研究中心副教授

# 教育专用大模型的理念与构思

大家看到题目，可能以为我要讲技术，今天讲的是教育问题，我自己的学术背景也是教育学。

模型技术深化应用的重要趋势是从“通”到“专”。刚才领导和专家们都已经讲了非常多的大模型，这些大模型我们称为通用大模型，训练数据全是从开放的数据、互联网的数据中获得的，具有通用问题的解决能力。但是教育领域是非常复杂的，场景很多元，数据类型、数据内容也是非常繁杂的，仅靠通用大模型显然没有办法解决教育深度的问题，很有必要去建立教育自己的专用大模型。自 2022 年 11 月 ChatGPT 发布以来，国内外已广泛开展了一系列针对教育的专用大模型的应用与实践。在众多案例中，我们挑选了最具代表性的几例进行深入研究，除了收集并分析相关资料，我们还结合自身实际体验，给出了我们的见解和体会。

总的来说，教育专用大模型的发展极为迅速，且在多个学科领域中得到了广泛应用。这里列出了国内当前主要的模型开发和应用案例，关于细节，将在后续报告中详细阐述。虽然教育专用大模型发展速度十分迅猛，但我们也发现了一些问题和不足之处。

目前，教育专用大模型的应用还在起步阶段，总的应用还是浅层次的应用。这体现在三个方面。

第一个方面，是模型输出能力水平有限。不管是数学的也好，心理学的也好，语言学习的也好，它们给出的答案其实与优秀人类教师之间的差距还是比较大的，有时候还会给出一些错误的答案。我们知道，好的教学并不是学生问一个问题老师就给出一个标准的回答，而是让学生先说出自己的答案，再由老师一步一步进行引导，让他发现思考过程当中的问题。在国内外教育领域，有一些典型的教学方式，如苏格拉底的产婆术和孔子的启发诱导教学法，当今也有许多优秀教师采用这种引导式教学。然而，这些教学方式在当今的大模型应用中却仍然难以实现。

第二个方面，当前的教育专用大模型主要应用于学科自学场景，主要目的是在课下为学生提供复习辅导。但实际上，教育的主战场是课堂，我们所有教育信息化、智能化的目标都是要改变“三中心”的传统课堂，变成一个以学习者为中心的课堂。也就是我们经常说的自主学习、团队学习、研究性学习、项目式学习等，提高学生的学习能力。但这样的一些场景，在我们今天的大模型应用当中还很少去触及。

第三个方面，现有的教育专用大模型场景是比较单一的，严格意义上，大模型的概念能够解决跨场景、跨任务的教育问题，比如我今天在课堂里面把老师的课堂视频录下来，我就可以基于这个视频，对老师的教学进行智能化的分析，生成相应的评估报告，再帮助老师进行教研。目前尚未有一个大模型能够同时完成上述多个任务，这些任务涉及多模态数据处理和多任务协同的问题。

我们也做了一些分析和思考，造成这些问题的原因是什么，以及突破之道是什么。我们认为，根本的原因在于教育信息化的问题，就是教育信息化到今天的智能化，不是教育驱动的，而是技术驱动、技术本位的。开发人员凭借自己对技术的理解做了一套东西出来，用到教育里面去了，但实际上真正能够用起来的、有引领性的教育信息化产品，应该是从创新的教育理论出发，结合一线实际教育需求设计场景，再从场景反推这个产品的设计。但是这条线对既懂教育又懂技术的人才需求是非常高的，同时也涉及整个教育信息化商业利益和体制机制的问题。因此，教育信息化在这条线上一直未能取得良好的进展。

那么，我们应该如何应对呢？当前迫切需要把不断增长的通用大模型能力和复杂多元的教育场景结合起来，开展系统性的研究和应用。在研发教育专用大型模型的过程中，尤其要重视一个关键点，那就是名师的专业知识和经验，我们将其称为智慧，这种智慧是至关重要的。因此，我们应该深入研究如何将这种智慧转化为计算机模型所能表达的形式，并提炼萃取出来。这个过程显然很难用技术驱动的方式完成，因为搞技术的人不会懂这些，实现的方式应该是在常态化教学过程中自动把它采集出来。所以，所有的老师、所有的学生都是这个智慧的贡献者，对知识经验的贡献，但是这件事情又不能把它变成教学之外额外的任务。现在，很多学校搞教育数字化，让老师去填一堆的表单，上传一堆数据，这实际上给老师增加了很多的负担。我们现在搞这个，应该是从数据到知识的过程，应该跟教学的过程是一体的，融入教学过程。但是怎么能够融入呢？就要求教学不是传统的老师讲学生听的课堂，那种没法融入，而是学生积极主动参与的新教学模式，这个过程中自动把学生的作品和学生的路径变成数据。

因此，教育大模型研究不是技术研究，应该是理论研究、技术研究和实践研究的有机结合，而技术则应该成为连接理论和实践创新的桥梁。这里面的关键就是把大模型和小模型、大数据和小数据结合起来。这个小模型指的是各个教育场景里面具体的模型。现在都讲大数据，但其实小数据是每个班级、每个学生自己个性化经验性的数据，这些数据在过去的大数据体系里面是采集不到的，但是这些恰恰对我们学习指导是最有意义的。

按照这样一条思路，我们形成了一套对教育专用大模型的认识。我们认为，希望通过这样一条思路来突破现在大模型在教育深度应用的瓶颈：教育专用大模型不仅是一个具备丰富教育专业知识互动性的“知识库”，同时也是能够处理多元化、多模态教育数据的智能计算基础设施。所以教育专业大模型不是一个单一模型，并非仅将其开发出来并放在那里就算完成，它是一个过程，是一个师生共同参与、共建共享的过程，我们称为应用驱动、共建共享，目的是让智能算力深入各个终端。要实现这样一种大模型，需要三个方面的协同创新，第一是应用驱动、共建共享的模型建设思路创新，第二是以学习者为中心的模型应用场景创新，第三是开放集成的模型技术线路场景创新。按照这样的理念我们形成了多层次开放模型架构图，首先是技术层，实际上就是现在已经有的各种通用的大模型，这些大模型既然已经有了就不需要开发了，比如 ChatGPT，比如国内的文心一言、讯飞星火等，这些大模型能够提供基础能力，但是不懂教育，在这个之上要建构一系列懂教育的模型群，但这个模型群是基于前面的模型作为训练，这些模型的训练数据从哪里来？就是从日常师生教学的过程中来，但这件事需要打通数字化教学的应用。其实我认为数字化最重要的一点就是怎么打破孤岛的问题，这也是我们一直很难做到的事情，不是技术问题，是理念问题，同时也是整个教育数字化体制机制创新的问题。

以下我把三个创新简单说一说。

第一是建设思路。师生既是模型的使用者，也是贡献者、参与者，这个参与和贡献体现在多个层次上，如算法和模型、数据、知识、应用。我举个例子，知识图谱作为一个技术，有技术上的定义，但是在大模型时代知识图谱也很重要，这个知识图谱不应该只是过去我们说的那种，把教材知识抽取出来变成一个知识点，这是死的知识图谱。教育学中有两类课程，所教课程、所得课程，我们应该关心的不是书上的知识点怎么呈现，而是学生脑子里面是怎么建构知识网络的。建构主义告诉我们学习的知识不是物质，不能直接被灌输到学生脑子里，一定要通过主动的思考和建构，这个过程最后形成的就是学生自己脑子里的知识图谱，知识图谱应该是学生自己参与一起编辑、一起画的，这不是技术思维，而是教育思维。同时，每个老师也要有知识图谱，把共性和个性打通。

第二是模型应用场景的创新。我们提了七个关键要素，其中三个基础性要素就是学习空间互动生成、学习资源按需供给、教师决策转型升级。这里就讲一点，以学习者为中心的理解，这个在过去有儿童中心说和教师中心说，以学习者为中心是比较新的概念，主要和当代学习科学相挂钩。当代学习科学是人工智能和学习心理学结合的新型学科，核心观点是我们把教育系统看作两个要素，一个要素叫作学习者，另外一个要素是学习环境，学习者跟学生的不同之处在于他是有主动性的、能主动去探究知识的人。我们学校所有相关的配置都是为他做主动探究提供支持，这就是学习环境的概念。在传统教育环境中，以学习者为中心的教育理念往往难以实现。然而，随着智能教育环境的出现，我们有可能构建一个新的时空，实现按需提供学习资源，使得学习资源的供给方式从过去的以供为主转变为以需为主。这种供给侧结构性改革，为以学习者为中心的教育理念的实现提供了可能。按照这样的思路进一步规划了不同学段和不同类型的场景规划，包括学前教育、基础教育、高等教育、职业教育，不同阶段当中大模型都可以发挥作用。

第三是三条技术路线的集成应用。有人说以上想法是不是异想天开？从技术上是完全可能的，真正需要突破的是学习的观念和体制机制创新。技术发展非常快，GPTs 出现之后，每个人都可以定制自己的大模型，开发成本大大降低，门槛大大降低。某老师现在退休，到处邀请他做讲座，我说某老师，我做一个你的数字分身，就用 GPTs 把他的所有论文和他平时讲的这些东西上传形成一个知识库，结合 GPT-4 的语言生成能力，就可以按照某老师的思想来回答问题。比如，如何看待乔布斯之问？这是他十年前提出的概念。有了知识库之后，定制模型比普通的 GPT 回答要精准得多，基本上都能跟某老师论文里的内容一致。但是我们也不能太乐观，数字分身的创造力并不强，只能把你有的东西输出。如果我们让它生成一个某老师的报告，大部分内容在水平和深度上仍有很大的不足。从技术来说，数字分身、数字讲座目前跟一流专家的水平还是有差距的。当然可以做成人的形象让它讲出来，这就更好了。

课堂分析，从目前识别关键的行为，生成课堂报告，这对教学评估和教研帮助非常大，这件事已经有一些学者在做了。这里面的难点在于教育专门的模型没有，这些数据怎么用，你需要对课堂本身有一个评估标准的模型，这个是没有的，所以分析很难做。这件事就是深度的东西，必须要专业的模型才能做。

我们也做了实践，两个案例：一个是帮幼儿园老师通过视频直接生成儿童观察报告，现在还在安吉游戏比较典型的模式当中应用，形成了幼儿教育质量评估系统。另外一个是在中小学有一个智能教研系统，主要是智能备课和教研。

这里要强调一点，我们实验室属于人工智能国家实验室，我们主要是做基础类研发，算是智能教育研发的国家队。这次跟中国教科院数字教育研究所曹所长合作，他们是国家的教育智库，这是两个国家队合作一起做这样的事情。我们提出了六条教育大模型行动倡议，我认为目前要做的事还是需要在国家层面上来做，因为它是一个公共设施，有基础设施、有公益属性。我们倡议组建教育大模型研发的国家队，跨学科专家联合开发，当然可以广邀各种社会力量参与，但是一定要确保公益属性。

**熊秋菊**

上海市长宁区教育局局长

# 面向人工智能的区域教育实践和思考

刚才李永智院长讲到，科技的变革、社会的多元以及文明的冲突，昭示着新时代的到来。各个国家之间的竞争，核心是科学的竞争，而科学技术竞争的核心又是教育的竞争。教育不仅具有社会的功能，也具有培养人才的功能，今日之教育也是明日之世界。党的二十大报告提出将教育科技人才作为国之大计的战略目标，基础教育应该怎么做呢？

要回答这样一个问题，还是要回到这个时代来看这样的问题，甚至要面向未来来思考这样的问题。

首先，随着以 ChatGPT 为代表的生成式人工智能的出现，老师的教学可能很快会被人工智能或者是生成式人工智能所取代。这个过程就说明，对于我们现在的教育教学的模式，颠覆式的变革时代已经到来了。

其次，现在家长对教育教学的要求是非常高的，如果你真的用生成式机器人给学生上课，家长还真不愿意。现在的教育者，就是要利用生成式人工智能再结合教育规律，或者人成长中的思想和情感的规律，实现更高质量基础上的每一个学生的公平。因此基础教育可为的空间，就是要回到教育的本质，即要思考每一个孩子更好地学习和成长，也就是教会每一个孩子思考，使每个孩子能够自由而全面地发展。这也正是长宁教育的追求。

下面我这从两方面向大家做汇报，一个是提升教师数字素养，另一个是提高学生创新能力。

## 一、提升教师数字素养

为什么讲提升教师数字素养？生成式人工智能对教学变革关键的人就是教师，教师的数字素养是生成式人工智能能否与教育教学深度融合的关键。在某一个区域，教师的数字素养走向智能素养，可能很快会在教育教学中实现人机协同，教师、机器、学生三方互动的生态。同样的道理，教师的数字素养也会影响学生的数字素养，会影响学生综合素养的提高。

提到数字素养，就要知道数字素养包含哪些。2022 年 11 月，教育部发布了《教师数字素养》行业标准，包括了数字化意识、数字技术知识和技能、数字化应用、数字社会责任、专业发展等 5 个方面。对于区域来讲，怎样在标准下进行区域教师数字素养的提升呢？我们以数字素养为关键核心的素养，提高教师的专业素养。我们把教师的专业素养用四大模块概括，即：教学素养、育德素养、科研素养和信息素养，用卓越教师的发展体系概括这四个专业素养。卓越教师的目标，一是在四个模块中，老师能够成为接下各种招式的全能型老师；二是老师能够利用人工智能或者生成式人工智能，实现学生更好地个性化的学习和成长，老师自己也能够实现自由而全面的发展。

我们的做法，首先就是培训。培训的方法是在国家信息化系统 2.0 的状态下，作为上海市首个数字化转型实验区，根据目前的教学场景，我们设计了 27 个数字化的应用场景，应用场景采取的完全是线上学习。线上学习有几个监测过程，通过数字基座完成。第一是学习过程信息化，第二是沟通渠道多样化，第三是问题解决实时化和学情分析常态化。

其次是借助教育数字化转型，进行基于低代码开发的教师数字素养提升。这个低代码开发，是基于计算思维比较简单的编程。低代码开发对于教师的数字素养从意识层面来讲，是体现了教师对数字化价值的认可，对数字化解决教学问题的敏感度，也是教师基于自己在教学中的问题解决和需求解决的一种数字化的表达；从能力层面来讲，一个教师能够开发低代码应用去解决问题，那么这个教师的知识素质、数字技能和知识技能还是有一定水平的；从价值层面来讲，让教师更好实现立德树人的任务，因为他会去开发一个工具来帮助自己实现更多的育人方式。

目前部分老师可以在 2 到 3 个小时开发一个低代码应用。当前开发的有精品课，有课堂的活动，还有全员导师的管理，有 400 多个应用。在全区的应用过程中形成了 27 个优秀应用，在全区不同的学段进行复用迭代。开发低代码的老师大多数不是星级老师，有很多是语文老师，还有接近 60 岁的老师。这说明老师自己通过参与，在提高数字素养的过程中尝到了甜头，提高了教育教学的效率。

除了低代码开发，老师还要在教育教学实战中提升数字素养。我们的做法是让老师运用数据，用数据驱动教育和效能，赋能学生的个性化发展，教师从“经验判断型”走向“数据分析型”。有哪些数据分析呢？比如在学科知识、数字作业、学习品质、身心健康上面，通过无感的过程性的生成数据，让老师通过后台数据得到学生的学情。同样，基于学生成长的规律，根据后台的全区数据横向、纵向的比较，实现精准教学。

## 二、提高学生创新能力

不是分数高，或者是逐层选拔出来的孩子才叫创新人才，每一个孩子天性中都是有创造性的，创新是人与生俱来的能力。基于这样的前提，我们做的是构建基于人工智能的教育体系，希望通过这个体系让孩子沉浸在其中，能够去体验和感受在人工智能的人机互动中形成探索的习惯和思维，唤醒学生的创新意识。应对未来变革的能力，就是当某一天强人工智能出现，或者说生成式人工智能的智慧超越人类的时候，孩子们有能力去面对这些改变。

提高学生创新能力，具体做法有两个：一是构建区域人工智能课程，二是开展人工智能比赛活动。

### （一）构建区域人工智能课程

人工智能课程是以《中小学人工智能技术和工程素养框架》为指引构建的，分成两大类，一类是理论方面的，另一类是实践方面的。课程从不同学段、不同学校学生的认知出发，分为区本课程和校本课程。区本课程是区里统一开发的，校本课程是根据育人目标、学生特点由学校开发的。区本课程的应用学校，可以进行校本化直接迭代应用；校本课程经过调研筛选，可以优化、复用、推广。

区本课程包括两大类。第一类是基于计算思维的人工智能专项课程，如一个全国科学教育重点课题“指向计算思维能力低龄段儿童编程教育实验研讨”，这个专项课程基本覆盖小学的所有学校，由少年宫送课程到学校。第二类是人工智能提升课程，指向生成式人工智能算力里面未来可能产生的芯片，芯片是由算力所决定的。我们依托中科院上海微系统所科研和产业优势，成立了长宁区青少年“微芯”科学教育实验室，让学生真实体验芯片设计制作全流程。

校本课程是这样，比如长宁实验小学，把区本课程《基于计算思维的人工智能》进行校本化：在小学一、二年级了解人工智能的概念和机器学习、人脸识别、图像识别和人机交互；三年级开始进行模块化的编程和基本语言的识别；五年级有学科整合，还有数字化的学习、英语分级阅读等。上海市建青实验学校构建了十五年一贯制、不同学段、不同年龄段的学生人工智能课程，主要是人工智能的基础、算法、编程和人工智能应用体系：在幼儿和小学阶段以体验为主，初中以体验和实践为主，高中阶段以运用为主。上海市延安中学是一所高中，学校打造了“基础型人工智能课程（普及型）+定向项目课程(面向特色班级）+拓展型课程(竞赛类）”多层次进阶型人工智能课程体系。

**（二）开展人工智能比赛活动**

开展人工智能比赛，主要是让孩子在比赛中感受人机协同。长宁区的学生在上海市青少年科创比赛人工智能赛项中取得了很多的成果，比如说“基于数字孪生生物解剖实验的系统建设”等，孩子们在参与过程中提高了能力、激发了兴趣。很多学校在区本课程以外进行了其他的人工智能课程培育，比如上海市娄山中学打造了“AI+生境花园”，学生通过传感器采集校园植物数据，通过VR设备模拟观察和分析植物生长，通过二维码识别技术制作植物“名片”，通过搭建低代码应用构建《娄山植物资源库》并在全区分享。上海市建青实验学校建设虚实融合的元宇宙实验室，破除固有应用模式，老师尝试引导学生将VR/AR设计从理科虚拟实验拓展到文科学习。学生通过头脑风暴、剧本设计、场景搭建自主设计《梦回大唐》VR场景，让历史变得触手可及，让学习变得生动有趣。

人工智能赋能教育教学是未来的一个发展趋势，只有今天认真对待这件事，并且做了充足的准备，才能够更好地迎接生成式人工智能对教育教学的影响。我个人认为，新兴技术在实践层面还需要产品更加成熟，需要教师素养的提高，需要校长的理念转变，更需要我们所有人探索成熟模式后推广。

我们现在正在做的生成式人工智能赋能教育教学的项目，是英语和作文的智能批改，智能批改的内容主要是在行文思路、文章结构方面，试点成熟之后将在高中阶段推广。

**梅　也**

博雅云课堂创始人

# AI 数智课程引擎：教与学的进化

今天我汇报的内容是基于生成式人工智能的 AI 数智课堂——教与学的进化。这是我们为客户定制的 3D 课程视频片段，在这里面，60%的工作量是 AI 辅助完成的。在这个过程当中，我们有两点感受：第一个感受，生成式人工智能时代将出现会用超级工具的超级人才；第二个感受，生成式人工智能要教孩子学会提问，学会与 AI 进行合作和创造。

做的过程当中，我们也发现了很多很多的问题：第一，现有大语言模型是不是能够直接赋能我们的老师和学生？第二，我们认为应该是教育+AI，而不是 AI+教育，但是在教育+AI 这个领域，这个加号到底应该如何加？或者说，生成式人工智能应用于教育还存在着哪些问题？我们总结了五个问题。

第一个，如何解决教育需要多模态的问题？刚才各位领导和各位专家都讲了这个问题，因为我们的孩子在现实中接受的是多模态的。

第二个，如何解决现有学生不会结构化、系统化提问的问题？这个是非常重要的，甚至我们的老师直接应用 AI，也是很难的。目前我们都是用 AI 进行提问，AI 帮助用户生成内容，基础教育阶段怎么解决让用户学会提问题？我们能不能反过来去推导，让 AI 引导我们去提问题，得出我们想要得到的答案？

第三个，如何使人工智能输出的内容可控、可信、数据安全？刚才领导们都讲了我不赘述了。

第四个，如何解决算力问题？我们公司用得非常多，算力成本是非常巨大的，我们有上亿的中小学生、1500 万名教师，如果大规模应用，怎么去解决算力问题？如果只是给少量的孩子使用，这个数字鸿沟会越来越大，这是需要我们考虑的。

第五个，如何解决刚才很多专家都讲到的人工智能的伦理问题？学会负责任地使用生成式人工智能，不光是学生，老师也一样。

基于以上的机遇和挑战，我们研发了这款 AI 数智课堂，可以说这在全球也是独一无二的，因为我们解决了刚才提出来的很多问题。什么是 AI 数智课堂呢？它是通过虚幻引擎开发，融合了多种模态的人工智能教学引擎，可以帮助老师和学生实现更加高效、更加有趣、更加有意义的教与学，可以让学习更加个性化、沉浸化。它包含了学生用的 AI 数智学习引擎和老师用的 AI 数智课程引擎，我不展开，后面会给大家体验一下。

怎么解决这四个问题呢？

第一是解决多模态问题。我们用虚幻引擎+3D 卡通数智人，来为我们的孩子和教师打造数智学伴和数智助教，让它同时具备情绪推理、图像、声音、表情和动作的输出。为什么用 3D 卡通数智人呢？有很多人喜欢更接近真人的数字人。因为卡通人对算力的要求相对来说会低一点，随着算力的成本越来越低，算力的效率越来越高以后，我们也是可以换成数字人的。

第二是解决算力问题。我们用虚幻引擎+卡通数智人，创造性地将人工智能中的情绪识别、语音生成、表情和动作生成等多线程的计算，全部放在了本地，这是非常开创性的应用。我认为只有这样，师生才能用得起，只有用得起了，才能把它作为常态化的应用。

第三是解决不会提问。因为大多数同学都是机械地提问，不会提出系统化、结构化的问题，不会提问怎么办？我们采取提示词工程+教学方法内置，把很多老师的教学方式，比如费曼学习法内置进这个引擎。

第四，如何解决可信可控。这是一个复杂问题，用了提示词+RAG 和微调。简单说，提示词引导模型生成符合育人目标的内容，RAG 可以看成检索增强生成，在这个过程中与数据库查询结合起来，我们就可以扩展含有丰富的上下文的答案；还有一个是微调，做人工智能的都清楚，使用特定任务数据微调大语言模型，使其达到在教育领域的专业化，我们会有教育领域的大模型；最后一个常态化应用问题是课程 AI 化，大语言模型生成课程是以上几种方案的混合操作。

举个例子，我们是课程驱动，不是单纯用大语言模型做一问一答，那么做达不到让学生自主思考的效果。我们用提示词工程，首先让 AI 明白，它的任务不是直接输出答案，而是要引导学生去思考问题，去一步一步理解一个概念，理解所学的内容；其次是向量数据库和 RAG 规范大模型的输出内容，比如不要跑题，不要乱说，通过微调去控制数智老师的表达，这样 AI 数智课堂就形成了闭环，可以真正应用于教学中。

对学生来说，AI 数智课堂的价值是人人拥有一个数智学伴，可以定制个性化的老师，定制个性化的学习场景，定制个性化的学习内容。同时，这也是适应 AI 时代的学习模式，因为我们未来的孩子一定要培养思维链，培养批判性思维。通过这样的工具进行学习的话，我们认为它是培养思维链的利器。另外是面向未来的多模态学习场景，小孩子可以去数字图书馆、数字博物馆，可以去遨游太空，可以去穿越历史。这样的 AI 数智学习引擎既可以用于自主学习，也适用于课堂的常态化教学。

对老师而言，AI 数智课堂的价值是每一位老师都有一位数智助教，我们还做了 AI 数智课程生成器，老师只要安装一个 Word 模板，在 Word 上备课，备完课以后输进去就生成数智课程，这样就支持大规模的因材施教，教师的数字化素养也能快速地得到提升。对教师来讲，他不需要学习特别多的新技术。

对教育管理部门来说，AI数智课堂的价值是完成数字化转型最后一公里。我们知道，教育数字化最终还是要落实到课程，落实到教和学上。之前政府、教育主管部门为教育数字化已经做了大量的投入，过去的海量资源在这套系统里面依然可以得到复用。不光是单单看这些资源、浏览这些资源，我们可以借助原有资源，增加互动的问答，把这些资源盘活。

我给大家带来了一个名著导读课《丛林之书》。这个数智人是可以换的，这个场景是3D的，学生在3D场景里面，我们跟它互动一下。

大家可以看到，我们这里面应用了一种教学模式，不是让AI直接给出答案，而是AI引导我们回答。这样一种回答是非常生动、非常个性化的教学，不管你怎么跟它交流，它都会根据你的回答、根据孩子的回答交互，这就是大规模的因材施教。

接下来再看一组动态绘本，以后老师不用做PPT了，不用做微课视频了，全部动态生成，所有都是AI生成。当然在AI生成的过程当中，老师还需要去进行微干预，这样的互动课程对老师来讲也非常容易。我们做过培训，大部分老师都是现场做出来的。

这是刚才的《丛林之书》，所有的学习过程是被记录下来的（备注：学习日志），我们还可以选择老师，可以选择场景。我们看到，刚才是在太空里面学习，也可以进一个传统的教室里面学习，还可以自定义场景，比如我想用文字去描述创造一个新的世界，孩子想去沙漠、高山、森林学习，都可以，这是学生的学习引擎。

接下来给大家看一下教师的课程引擎。我给大家简单演示一下，教师如果按照模板做了课程以后，几秒钟就能生成课程。我们看一下，刚才生成的是名著精读《吹牛大王历险记》，通过Word上传，这个课程已经传上来了。

我们还给学校和教育局做了课程中心，教师可以把别人做好的课程下载到本地进行修改，进行二次研发，也可以把自己做的课程上传，可以选择全网公开，也可以只向自己学校公开，或者向教育局公开。多年来教育局一直想做共建共享机制，我觉得是非常容易做成的，我相信数字化转型会在这样一个 AI 浪潮中得以低成本的实现。

最后，我给大家展望一下，接下来我们的 AI 数智课程还会做哪些研发呢？

一是全课堂场景的生成。利用 AI 技术生成课堂方案、课程大纲、课程文本、评价反馈等，并借助虚幻引擎将它们串联起来。

二是需要和科学实验、科学计算软件的应用结合起来。因为数学、物理、化学、生物、地理等，都需要有多种多样软件的应用。

三是教师和学生 3D 数字形象生成。这个就真正实现了元宇宙，而且这个元宇宙还是不太需要各种硬件加持的，当然这个还有赖算力的突破。随着算力的发展，支持多人 3D 精模的元宇宙的课堂一定会成为日常，我们坚信科技发展的力量。

最后，用两句话结束我的分享：一个是让生成式人工智能常态化使用，一个是 AI 助力数字化转型。我们期待这个堪比工业革命的时代，能够让人工智能教育走进千家万户。我们也期待跟各位专家学者合作，跟教育局合作，在应用中发展，在应用中回馈社会。这是我们作为企业对国家提出教育优质均衡发展的回应，对教育高质量发展的回应，对教育数字化转型的回应。生成式人工智能在教育领域的应用，我们完全可以贡献我们的中国智慧。

# 教育源头减负论坛

**王文湛**

原国家副总督学、教育部基础教育司原司长

# 学生负担重是社会问题在教育的反映，根源在社会

这次论坛主题是源头减负，我觉得主题选得很好，是当前教育的中心工作、社会的热点问题，也是家长、学生急盼解决的问题，但解决起来很难很难。减负是长期想解决而始终没有解决好的问题。我今天是抱着学习态度来参加，在座几位老师我都很熟悉。下面谈谈个人的两点想法，供大家参考。

## 一、学生负担重的原因

我认为有以下六个原因。

第一，我们的教材不算太难。世界 10 个主要国家教材难度排名，最难的是俄罗斯，第二是美国，第三是德国，第四是澳大利亚，中国排第五。后面依次是新加坡、韩国、日本、法国和英国。中国排中等，不算难。但是也难，一是课程内容增多了：开了法律课；还开了劳动课，每周一小时；再加上信息技术、科学技术等。只有加法，没有减法。二是难度跟过去比也提高了：过去高中不讲微积分，现在讲了；过去高中讲三角函数，现在初中讲三角函数；过去小学不讲代数，现在讲代数了。

第二，老师教难了，内容拓宽拔高。时间原因，不展开谈了。

第三，学习时间长。教育部规定小学每周 30 节课，中学每周 33 节课。新的课程方案，初中每周由 33 节增加到 34 节，高中由 33 节增加到 35 节。我查了一下国外情况，信息不一定准。芬兰的小学每周上 20 节课，英国初中每周上 25 节课，美国高中每周上 31 节课，都比我们少。

第四，假期少。教育部规定小学每年放寒暑假 12 周、中学每年放寒暑假 11 周，加起来两个半月。英国、美国、俄罗斯暑假 3 个月，寒假两到三周，复活节假一周到两周，假期加起来是四个月到四个半月。

第五，学生要做大量的作业，做不完的作业。作业主要是做习题，很多习题是抄书本。还有的习题是编出来的，生活中是不存在的。如：给池子注水 5 分钟满，放水 8 分钟流光，问同时放水和注水几分钟满。现实生活中，哪有这种事呢？时任国务院副总理李岚清说，某工程，甲做多少天完，乙做多少天完，丙做多少天完。甲做多少天给乙，乙做多少天给丙，丙做了多少天后，三家一起做多少天完。我们的工程这么干，质量怎么保证呢？出问题找谁呢？还有一个经典的数学案例鸡兔同笼，我活了 86 岁，从来没有看到哪个农民圈鸡圈兔在一个笼子里。

第六，校内减负校外补。教育部发布了减轻中小学生课业负担的十条规定。校内负担减了，家长把孩子送到校外去补课。各种培训班、复习班比比皆是，这是增加负担最重要的原因。据调查，2016 年全国校外培训机构 22 万所，2018 年调查是 38 万所，而全国小学只有 16 万所，校外培训机构比小学还多。校外培训机构的老师 800 万，小学老师 570 万，多了 230 万。校外培训机构的培训科目：数学占 38%，语文占 29%，英文占 23%，这三门中高考科目，占到培训机构培训科目的 90%。特别是奥数遍地开花，对数学有兴趣有天才的学生可以学习奥数，但没有必要全国几千万中小学生都学习奥数呀！

我的孙子五年级，也学习奥数，他的数学题有的我都做不出来。我在清华大学给研究生上过数学呀！奥数不是数学，是技巧，跟变戏法一样。这样的培训，增加了学生负担，也增加了家长的经济负担，干扰了正常的教学秩序，社会上意见很大。2018 年 1 月 22 日，教育部、民政部、人力资源和社会保障部和国家工商总局联合发文，开展校外培训机构治理。治理了半年，效果不大。2018 年 7 月中央深化改革领导小组专门听取了治理报告，指示国务院再发文。2018 年 8 月 7 日，国务院办公厅发文《关于促进校外培训机构健康有序发展的意见》。2021 年 3 月，“两会”的人大代表、政协委员对校外培训意见很大。2021 年 5 月，习近平主席主持中央深化改革委员会制定了“双减”，2021 年 7 月 24 日中办和国办发布“双减”文件。虽有明显效果，但问题远没有解决。今年 8 月 23 日教育部部长签署了 53 号部长令，出台了《培训机构行政处罚暂行办法》。

我个人认为，校外培训很难从根本上解决，因为有中考、高考存在，有社会需求存在。

## 二、学生负担重的源头在哪？

学生负担重的源头在社会，在社会的人事制度、工资制度和社会观念。

在我们国家，大学毕业证书是决定人们的分配、分工、分层的决定性因素，有这张纸就好办，没这张纸就难办，分水岭就在于此。

国外蓝领、白领工资差距不大，爱尔兰厨师工资高，加拿大高级技工工资高。我看一份材料，加拿大多伦多社会平均工资每小时 14. 5 加元，高级技工是 42 元，是社会平均工资的 3 倍。荷兰、北欧等福利国家，国家靠税收调节社会收入。无论你干什么工作，挣多少工资，最后到手的都差不多。所以就没有人过多地计较工种了。而我们国家的同龄人，一个是职业中学毕业，一个是大学毕业，三十年以后看看收入的差别有多大。

还有社会观念的问题。我们的科举制度从公元 605 年隋炀帝开始实施，到 1904 年光绪废除，实行了 1300 年，再加上“劳心者治人，劳力者治于人”“学而优则仕”等传统观念根深蒂固。

正是以上这三个原因，决定了中小学生负担重的问题。

表现在教育内部，根源在社会，只靠教育内部中考、高考、课程、教材怎么改也无力从根本上解决。从 1952 年实行统一高考，现在 60 多年了，高考经常在改。改革开放以后，高考改了多次：教材甲种本和乙种本；高中毕业水平考试和高考选拔考试；春季招生和秋季招生。高考科目就有考五门、六门、七门、3+2、3+文综/理综、3+3、3+1+2 等多种，均未从根本上解决负担重的问题。学生负担重是社会问题在教育上的反映，根源在社会。

那么如何解决这个问题呢？可以通过教育改革措施来缓解学生负担重的问题，比如 1977 年恢复高考的时候录取率是 4. 6%，现在高考录取率 80%以上，就缓解高考竞争了。要想从根本上解决，要靠社会，教育改革只能缓解。

我再谈几点。

第一，社会上，特别是媒体对教育不满意，批评很多。坦率地讲，世界各国对自己的教育都不满意，原因就是期望值过高。我们的教育取得了很大成绩，让教育达到了中等发达国家以上的水平，这一点必须肯定。美国教育家跟我讲，中国的基础教育加美国的高等教育是最理想的教育。我们学外国，外国也在学中国，英国用中国的数学教材，花很多钱买我们的教材。

第二，中考高考有利有弊，但利大于弊，这是国家的基本教育政策，目前找不到更好的办法去替代。谁有好办法，可以拿出来，早就改了。高考的办法，一是科学性，二是公平性，三是好操作，四是社会认同。要具备这四个条件，高考才能改革。目前的办法是唯一可行的，其他办法不可行。

第三，学生要有一定的负担，没有负担培养不出尖子学生，只是不要有过重负担。没有负担，提倡欢乐教育、快乐教育，我不赞成。教育是苦中有乐，先苦后甜，没有一定的勤奋努力，培养不出高才生。就像运动员一样，不经过艰苦训练，成绩不可能上去。

第四，高中多元化为什么实行不了？高中多元化已经倡导了几十年了，1993 年，中共中央、国务院关于教育体制改革的决定就提出了，2003 年再次提出普通高中重在质量、提升内涵、多元发展、办足特色。为什么没有多元发展呢？我们这么多普通高中，除了名字不一样，办学方式都一样。为什么中央几十年都在提倡多样化，为什么实行不了？背后什么原因呢？不是高中学校的校长和老师不愿意实行，而是在社会和家长的压力下无法实行，社会逼着你这样，还是社会问题。说高中校长和老师不敬业、不努力，这么说不公平。

很多事情说起来好说，做起来很难。比如评价制度，早知道唯分数评价不对，要素质教育全面评价。但是素质教育怎么评价？因为素质教育只能作为参考，无法量化，无法计分。为什么给他 49 分，给我 50 分呢？所以很多问题操作起来很难，很复杂。专家们的论点和实际工作者的论点有时候不一样，一边从理论出发，一边从实践出发，两边有时一致有时不一致。

总之要在困难中前进，既满足社会要求，又按教育规律办学，两者要取得恰当的结合点。

**李镇西**

新教育研究院院长
成都市武侯实验中学原校长
中国教育三十人论坛成员

# “双减”与“课后延时服务”的调查报告

镇西茶馆经常做调查，上个星期二，为了参加这个会议，我专门做了一个小型的减负调查。几年过去了，减负的效果到底怎么样？因为时间紧，我是星期二临时把这个题目放到公众号上，十多个小时，到第二天下午收到了630个人的调查，这630个人遍布全国各地。

从调查的结果来看：只涉及义务教育阶段，不涉及高中，其中初中生占了46%。现在的课业负担，觉得适当的是61%，仅从调查结果来看，还是不错的。觉得偏重和较重加起来是30%。对学校“双减”的满意度，满意占4%，基本满意占32%，不满意是26.5%。满意的原因是作业量减少。基本满意的原因是初中主科作业依然较多，家长基本满意的原因是减少作业量会不会造成学习质量下降，而且中考高考体制没变。不满意的原因多一些，用一句话讲就是“评价不变，减负空谈”，也就是源头没有解决。

到现在还有一部分学生，回家要写两个小时的作业。小学六年级的学生早上7点进班，周末还要上课。有的学校还要排名，要进行周考、月考，还有延时服务，学校补课时间太长了。学业内卷，学校要求学生寒假暑假自学完成下一学期的内容。家长也给孩子加码，现在补习班规范了，但是一对一的补习多了，而且家长反馈比过去更贵了。

教师布置作业缺乏协调，学生睡眠时间 10 小时占 7%，9 小时以上占 35%，不足 9 小时占 38%，不足 8 小时将近 20%。虽然多数保证了睡眠时间，但依然有一部分学生不能保证睡眠时间。

我的结论是：减负效果明显，但依然任重道远。不能说没有效果，但是还有很多事要做。

对“双减”的建议：一是国家层面，推进中高考改革，才有可能实现真正的减负；二是学科层面，根据学习者的情况制定目标，个性化教学；三是教学行政部门，严禁择校、周末补课；四是教学层面，给教师减负；五是社区层面，给学生更多的社会实践的机会。

接下来再看一个调查，关于课后延时服务。参加问卷调查的有 31205 人，小学、初中参与的学生少，因为很多学生的手机被控制，不能用手机扫二维码参与调查。我给有的学校打了招呼，学校才让孩子用手机扫码参与调查。

先说学生是否自愿参加延时服务，自愿是 77%，非自愿是 23%。

反馈意见：不参加延时服务，小孩就会掉队。

延时服务内容有哪些类别呢？70%是作业辅导，只要不是上新课就可以；托管、写作是 60%；18%是上新课；26%是学科培优，就是对学习较好的孩子进行辅导。

学校延时服务的时长，多数都在 2 小时以内。学生放学的时间段的问卷，我个人觉得我没设计好，因为不同地区的日出日落时间不一样。同样的时间，很难说迟早。有 1.3%是晚上 9 点半才放学，4.1%是晚上 8 点半才放学。

对延时服务的评价，反馈最多的是学生在校时间长，学习压力大，占了 56%。还有就是教师在校时间长，工作负担重。综合起来最多的问题就是学生、老师压力大。

教师对延时服务的看法，多地集中在延时服务工作强度大，很疲惫。学生在校时间过长，统一的课后延时服务无法实现单个学生的个性化辅导。还有老师反映延时服务课酬未发、少发、迟发，而且不合理等。

学生参加课后延时服务，的确解决了家长没有时间接孩子的难题。但是亲子教育时间减少了，家庭教育的功能被削弱。

家长对课后延时服务的看法，多数是给予肯定的。我在调查时发现，老师普遍不太赞成，家长赞成多一些。也有其他意见，是孩子不喜欢，但不得不参加。但起码大多数家长是满意的。也有部分家长提出不同看法，认为孩子学习时间比较长，而且不能自己选择科目，每分钟都被填满了，被摄像头监控，被老师监管，没有放松的时间。

学生对课后延时服务的评价。多数学生可以接受，觉得过得很充实，可以结识新朋友，老师也不错。也有学生说：课程单一；没有时间加餐，真的特别饿；在校时间长，会感到困倦。半数以上学生希望取消延时服务。

我的建议：一是不要粗暴地一刀切，不同的地区、学校不一样；二是发挥设计的作用，不能只让学校承担课后延时服务；三是引进专业人员或有资质的教师承担相关课程，如钢琴课、机器人课、书法课；四是经费一定要保证，有的地方是政府全部买单，有的是家长出一部分；五是尊重自愿，孩子愿意来就来，不来就不来，延时服务上新课肯定不行；六是控制时间，时间不能太长；七是活动丰富多彩，学生可以自由选择。

有一条留言不容忽视：现在网上有关于取消课后延时的声浪，作为对延时有刚需的家庭，课后延时服务是我们的唯一选择。有些地方执行得不好，比如上新课等，那也是执行的问题。对于延时服务，强烈呼吁不要矫枉过正。

张志勇教授的说法有一点点商榷的地方，不是说中国高考不改革就没有办法，我也认为要改，但改的是命题思路，比如有利于学校教学、课堂教学，鼓励学生不要死记硬背等。但是如果高考一卷定终身不改的话，还是比较麻烦的。我特别赞同王文湛教授的观点，教育问题的根源的确在社会。一个小女孩非要本科才能当护士，那家长肯定会让孩子追求文凭。

上午说到博士送外卖，这还不太一样，是他找不到其他工作，而不是外卖非得要求是博士文凭。但本科才能当护士就是现实问题，如果社会不改变这一点，教育也很难改变。我乐观期待着问题慢慢有所改进。

**王　烽**

中国教育科学研究院教育体制机制改革研究所所长

# 高中阶段多样化是源头减负的重要途径

刚刚大家都在找中小学生过重学业负担的源头。唯分数、唯升学的评价是个源头，课堂教学时数太多、在学校时间太长是另一个源头。王文湛教授讲的学历社会、收入分配差距等方面，也是个源头，但我认为不是主要的。一有问题就把焦点引向社会，教育内部就没办法改革了。

我要讲的是另外一个源头。我研究体制机制改革，习惯从体系和制度去思考这个问题。中小学生之所以学业负担重、竞争激烈，最重要的原因是教育体系没给多样化人才的成长提供丰富的机会，它不够开放、不够多样化、不够个性化、不利于人成长。

一方面是我们从小学到大学，教育内容严重脱离实际、脱离社会，关起校门做教育，学的都是死的知识。学生到社会上以后，什么也不会，只会升学考试。学不到真本事，只能去“卷”学历、争名校。党的十八大以来，基础教育政策强调家校社合作育人，高等教育和职业教育强调科教融汇、产教融合、校企合作，就是为了解决这个问题，但实施还是困难重重。

另一方面，从小学到大学，都是把学校排了队的，按照单一标准排队，学校都以热门牛校为样板办学。这不是所谓“优质教育资源不均衡”问题，而是学校不够多样化问题。这样的排队注定了“好学校”永远是少数，“优质资源”永远稀缺。所有家长肯定愿意往前面的学校挤，这么大的生源量，竞争怎么能不激烈呢？解决问题的唯一途径是推进多样化，让学校各有定位、各有特色、各有价值。这样的学校体系才能让每个学生都找到适合自己的发展机会、成长通道，这是一个非常核心的问题。

**第一个问题，坚持高中阶段的多样化为什么是源头减负的重要途径和关键点呢？**

今天我谈的主题是高中阶段的多样化发展。高中阶段是整个教育体系的“腰”，如果它不多样化，整个教育体系就没法多样化，目前它是一个瓶颈。高中阶段教育肯定是过于单一，特别是普通高中过于单一，群众眼里、甚至很多地方政府官员眼里只有那些名校牛校，其他学校找不到自己的价值，只能跟在牛校后面跑。高中教育都是“高分名校”目的，不仅失去了基础教育的功能，也没有为接受专业教育做好过渡，成为应试训练工场，愈演愈烈的“考试地狱”。这样的模式、背后的规则、形成的秩序，直接导致初中和小学过早竞争和内卷。

高中不够多样化的一个原因，就是我们的大学不够多样化，升学通道也不多样化。高中即便是多样化了，也没法与同质化高等教育衔接。目前高等教育已经发展到了普及化阶段，但高职招生还都需要选拔性的入学考试，所有的本科都一个选拔标准；地方本科也按北大清华的标准办，也要“双一流”但又注定追不上。除了重点大学和重点高中外，其他学校到底怎么办，能不能找到自己的位置，找到自己的价值？学校找不到自己的价值，怎么为学生提供出路呢？

高中阶段除普通高中不够多样化外，中职教育也存在质量不高、特色不明显的问题。初中毕业以后，学生面临分流，中职学校在招生中排在普通高中后面，进入中职被认为是学业失败者，进入职业教育轨道就很难再进入普通高校特别是重点大学，即使通过专升本、春季高考进入普通高校，也难以获得与通过高考直接升学的那部分学生同等的待遇和机会。因此，面对高中阶段职普分流、职普分离的焦虑，成为初中和小学阶段学业负担过重的重要原因。

高中教育的质量观不转变，就永远无法解决教育负担问题。这里我想说明的是，如果“优质”的标准还是“高分名校”，那么扩大高中阶段优质教育资源的所有努力注定是无效的，如果进入名优高中是优质义务教育资源的标准，那么促进义务教育“优质均衡”也是不可能实现的目标。为什么呢？因为如果考重点大学、考本科比例高的高中教育资源才谈得上优质，那么我们重点大学和本科每年的招生数几乎是确定的，不会增加很多。这就决定了优质高中教育资源在量上也是确定的，怎么能扩大呢？怎么可能让更多的高中有更高的重点率、本科率呢？没有好的出口，还是围绕这少数重本升学率去竞争、去内卷，把名额从这个学校争到另一个学校，其实毫无意义。这个道理同样可以解释义务教育阶段“扩大优质教育资源”的问题。我觉得现在扩大优质高中教育资源，这个“优质”的概念必须要变。推进高中阶段多样化，与“扩大高中优质教育资源”，本来前者是后者的核心要义，但在实践中目前完全是不兼容的两种思路，而且对“扩大优质高中教育资源”的热情要远远高于促进高中多样化。

**第二个问题，推进高中多样化的两条路径。**

坚持高中阶段的多样化发展是国家的重要教育政策，这里列举几个典型文件。作出最系统阐述的中央文件是 2010 年“教育规划纲要”，提出推动普通高中多样化发展。另外一个典型文件是国务院印发的《国家职业教育改革实施方案》（职教 20 条），在职业教育改革方案中提到了推动综合高中和特色高中建设。再有就是党的二十大报告，提出“坚持高中阶段教育多样化发展”。这是我们长期以来的政策导向，很多地方都制定了高中多样化发展的方案，但配套政策不足，十几年来这方面进展不大。

坚持高中阶段多样化发展，有两条路径。

一是学校类型多样化。学校类型多样化曾经在一些省市推行过，如试点建设综合高中、科技高中、人文高中等，但最终没有形成气候。目前来看，党的二十大强调的推进职普融通，将是一个巨大动力。统筹普通教育、职业教育和继续教育发展，如果将部分中职学校与部分普通高中建设成为有职业教育特色的综合高中。当然学籍、课程、升学通道问题需要一并考虑，未来将会形成由普通高中、综合高中、中等职业学校三大类学校组成的高中阶段学校体系。

普通高中则可以借助高中学业水平选考选课改革，逐步形成具有初步专业倾向的数理、科技、人文、艺术、体育、语言等特色高中，与高校招生专业建立更紧密的联系。在职普分流的国家，比如欧洲国家，高中阶段学校多样化显著，比如科技高中、人文高中、语言高中、艺术高中、各种职业高中等。美国就是综合高中，多样化集中体现在学校内部课程的多样化。

二是课程多样化。我们国家高中课程结构，是 14 门的一个大框架，一共 144 学分，必修课 88 学分，对应学业水平考试的合格考；选择性必修 42 学分，对应高中学业水平选考，也就是升学可以加入总分的；选修课程，也就是校本课程 14 学分，与综合素质评价有关，目前还不能与升学挂钩。

我们的普通高中课程有这样几个特点：学校自主权少，选修课程非常少，14 学分有 8 学分必须是之前课程的深化和拓展。也就是学校真正有自主权开发的课程，只有 6 学分。而且由于高考成绩的约束，学校并不倾向于自主开设更多的课程，与高考成绩无关的课程改革的积极性并不高。学生选择权有限，必选课的选择因素很复杂，并不一定是自己最喜欢和最有学习潜力的，而是能拿好成绩（好名次）的，还要看都有哪些人选。我们的课程没有难度梯次，每门课程难度都相同，不能“超纲”教学；或者有难度梯次，只不过把学生分成快慢班，或者普通班和实验班。课程直接对应高考的科目，考什么教什么，不考的不教，合格考的相当于是送分，而合格考试的那些内容恰好是高中教育基础性的依托。

我们可以对比一下美国和法国的课程结构，美国高中课程结构，从大框架上看，是常规课程、荣誉课程、大学先修课程、国际文凭课程，体现出明显的强基础和向专业教育过渡性质。同样，法国课程结构是“基础”加“专业”。美国高中课程也分必修课和选修课，选修课程占到至少四分之一，其中必修课也分了难度梯次供学生选择。我们可以借鉴的是他们高中课程的以下几个特征：课程结构有明显难度梯次，让学生根据自己的能力去选择；基于学生生涯规划和能力的自由选择和自主选择，不需要通过考试、竞赛等获得入门机会，不是被“圈进去”；严格的考试和学分基点制度，高中阶段具有联盟性质或者学校自主的严格的考试考核制度，学分和获得成绩等级核算成“学分绩点”（GPA），学校一般不会为把自己的学生推出去而“放水”。靠学分绩点和其他表现可以获得荣誉毕业生称号，甚至直接进入常青藤名校。学分绩点成为升学的主要依据。

讲到这里，我们可以比较清楚地发现，美国高中生之间几乎没有统一的“可比性”标准，每个人的学习内容和成长道路都可以不同，有能力有潜力的学生可以选择难度高的课程进入大学名校，想偷懒的可以选择容易的，最后去社区学院。所以学生跟自己竞争要远远大于跟别人竞争，不用去拼那条似乎不断抬升的“分数线”。我们也可以理解，在我们眼里“坏掉的”美国基础教育，怎么就培养出来大批顶级的创新人才。在高中阶段，应该是学生能够自主选择的阶段，给学生提供开放、多样、自由的选课机会，让他们根据自己的能力和意愿去学习，拔尖人才才能够冒出来。

**第三个问题，关于高中多样化需要的配套政策。**

第一要扩大高中教学自主权，特别是增加校本课程的比例、增加选修课的比例，至少要占到总学分的四分之一。当然，提供高质量、多样化的课程，还需要加强课程资源和师资建设。如果按照欧美高中的标准，我们在课程和师资方面的差距还是比较大的，大多数学校差距比较大。

第二是初中和小学阶段一定要减课。在减课基础上，让学生广泛接触实践，扩大接触面，让学生有沉浸式体验的机会。我们总是说学生缺乏兴趣，甚至到了高中毕业都很难有比较明确的兴趣倾向，为什么没有呢？因为把他们关到教室里，他们什么也没见过，怎么会有兴趣呢？广泛的接触面、比较正常的社会化，让学生知道自己需要什么、喜欢什么，到高中阶段就会初步明确自己的生涯选择。从小学一直到高中，职业生涯教育要跟上。

第三是要改革中考和高考。高中阶段多样化是绕不开中、高考的。本科多样化、高中多样化，离不开中考高考改革提供多样化的升学通道，需要在保持“基本盘”稳定的同时，推动以“人人成才”为目的的渐进改革，开拓更多升学路径。目前不同高校的入学难度差距巨大，但本科总体上还没有打破“独木桥”。高中的多样化，也需要中考改革为不同类型的高中招生提供不同的通道。

第四是学校类型多样化需要区域范围统筹教育资源。如果一个县就一两所高中，那么县域就不可能实现高中学校多样化，只能更多寻求学校内部课程多样化。高中学校多样化必然要求在拥有一定数量高中的区域范围内统筹资源，制订高中多样化发展规划，为每所学校定好位，提供差异化高中教育。这样就可能打破县域行政管理权限和财政责任，使得高中的管辖权向地级市提升。学生选择自己县域没有的特色高中上学，也可能需要住宿，这样的配套也要跟上。

第五是我们还需要有一个适合高中多样化发展的评价体系。再也不能以重点率、“北清率”评价所有高中，起码需要对学校作增值性评价，看看学生从入口到出口的成长获得。不同类型的高中需要不同类型的评价标准，反映学校特色发展的成就，并与政府的政策工具相结合。对于课程多样化的高中，严格、可信的学生考核和学分绩点制度则是不可缺少的配套措施。

坚持高中阶段多样化发展是解决整个教育体系问题、培养多样化人才的关键，高中多样化在国家教育政策议程中的位置应当更为突出。这不是一个部门能解决的问题，应当提升决策层级，研究制定专门政策，坚决推动所需的改革。

对于问题源头在社会，我提一点不同的看法。

第一个观点，命不好怪社会，什么都怪社会，就没有答案了，问题就没法解决了，这还是旧观念。如果从教育自身找原因的话，是我们没教给学生真本事。社会用人单位在选人时，只能凭文凭或重点大学的信息去选，没有任何信息，怎么能够让用人单位知道学生有什么本事。

我们见过做装修的、做建筑的，他们的小时工资都很高，送快递一个月也一万多元钱，我自己不也一个月一万多元钱吗？社会收入的差距好像没有那么大，关键在于社会保障。

我的第二个观点，创新人才培养不出来和学生学习压力过大，这些问题是同一个根源，根源就是从小学到大学，教育的个性化程度太低，统一要求、统一模式培养、统一标准衡量，教育里“人”的概念体现不出来。

我刚刚讲高中多样化发展、中考高考改革，特别是大学的多样化发展。从小学开始，现在讲家校合作；高中多样化，跟社会生活多联系，办专业的教育，办准专业的教育；大学是校企合作、产教融合。整个教育体系要开放，要个性化。

刘　坚

北京师范大学中国教育创新研究院院长

# 中考改革是源头减负的关键

我可以补充一下镇西老师的调查。这是2020年和2022年的数据，23000名四年级小学生参与了调查。从数据可以明显看到，减负之后，学生的睡眠、作业、补课和学习压力都是明显向好发展。这是小学阶段。

再看中学情况。这是10000名初中二年级学生的数据，从这个数据可以看出，中学生整体减负效果不理想。地区不同，但整体趋势不变。也就是小学阶段的减负有进展，中学阶段不理想。

总体的基本结论，小学阶段的学业负担减轻，学生的睡眠得到保证，补课有所控制。山东在2017年、2018年、2019年连续三年的数据，山东的十年高中规范办学行为在高中已经发生，高中阶段学业成绩最好的群体，是睡眠保证7个小时、8个小时，甚至接近9个小时。也就是说8小时左右的群体，是学业成绩更好的群体。这是我们连续三年，在140所高中纵向追踪的数据。教育系统可以有作为的，这是我想说的一个数据。

当然我们团队在2020年还发布了一组数据，这个数据支持了五个最基本的事情。一是保证睡眠，二是保证每天体育运动一小时，三是保证每天有营养早餐，四是不出现手机依赖，五是每天自主阅读半小时以上。达到这五个条件的学生，学业成绩和主观幸福感都很好。

这是我们连续七年纵向追踪的数据，这个数据不仅小学成立，初中、高中都成立。像这样的事情，值得我们去反思。所以按照规律办教育，学生可以有双丰收，不只是学业，还有主观幸福感。

**怎么解决呢？三个维度。**

第一，学校按照规定办事。我在很多场合呼吁，交通有红绿灯，教育也要有红绿灯。因为高考不考体育，学校就可以理直气壮不开体育课吗？这件事情在国际上会成为笑话。但是在我们国家是十分普遍和通行的事情，而且都成了一个理由，成为家长围攻学校的理由。教育有它的基本规律和红绿灯，开车不能撞红线，学校按照课程计划和课程方案办学，这是学校在这个体制里的基本规范。今天逼着中考体育加 50 分、加 80 分、加 100 分，用这种中考加分的方式，是不能解决重视体育课或体育课对人的成长所发挥的作用。难道劳动要加分吗？音乐、美术要加分吗？学校所有课程都在加分，这是什么逻辑？我们要按照教育基本规律办事情，这件事情应该成为基本规范，规范我们的办学行为。

第二，规范政府行为。各种各样的数据表明，地方党委、政府办学思想不端正，给学校、社会、家长带来太多的负面作用。两三年前，中共中央、国务院关于教育评价改革的总体方案中，有五大基本任务。第一件事就是要规范各级党委、政府按规律办学，落实立德树人，落实“五育并举”。这件事难度很大，谁能管地方党委、政府。上一级党委、政府如何管好下一级党委、政府，党委、政府如何向社会和人大报告自己在教育上是否履行相应的职责，这件事情现在是个大问题。所以我们需要把权力关在笼子里。重视教育的前提，首先要尊重教育，按照教育规律办事。

第三，就是中考改革。在我们国家，中考改革可能是从源头上减轻负担非常重要的事情。这里有四句话。

第一句，好的教育，是为成年人尽可能地减少竞争、减少攀比，给孩子们创造一个宽松的环境。

第二句，在全国范围内取消中考，不能用发文件、一刀切的方式取消中考。

第三句，从现在开始尽快寻找改革试点实验区。全国3000个左右的县级区域，特别是在农村县级区域内进行中考改革，取消中考改革试点，这是完全可以试行的。寻找三五个这样的试点地区，尽快建模，初中怎么办，高考怎么办，没有初中分数线怎么升高中。实际上有地区已经这么做了。

第四句，国家层面，中考招生的政策要尽快缓解。

王烽所长在之前的演讲中谈到课程的多样化和选择性，刚刚又再次呼吁这件事。我对课程了解一些，我有一点补充。

据我了解，国家的课程，尤其是高中阶段，是充分鼓励多样化、选择性的，但实际执行的结果是千人一面。这跟高考制度有关，也跟学校的执行有关。同样的课程计划，北京十一学校几乎每个人一张课程表。这个事是两个礼拜前，我跟十一学校的李希贵校长本人，还有多个学校的核心团队进行考证的。就是在这个系统里，全国30到40所学校，跟十年前的十一学校一样，每个人一张课程表。

每次讨论这件事情时，李希贵原话就是，这不就是执行2003年、2004年国家的高中课程改革方案吗？国家高中课程改革方案，就是选课走班，行政班、教学班相结合，每个人一张课程表。必修课也是选择的，跟模块一样。

2000年的时候，中国驻芬兰的教育参赞给我们的总理写了一封信，说芬兰所有人中学阶段都有自己的课程表。芬兰用了40年时间，从1960年到2000年，实现了这么一件事情：每个人一份课程表。

我呼吁这件事，实际上我们有操作空间，只是还没有这么做。

我再做个补充，就是学生的选择性在高中阶段十分重要。我写过一篇文章，关于高中阶段多样化选择。一个区域形成多样化的高中生态，学生选择自己喜欢的学校。多样化的高中、综合高中是发展的必由之路，给学生选择的机会。这个年龄段，当我们坐在德国课堂里，在英国课堂里，看十五六岁的孩子做事情时，我们真的为自己的孩子非常担心。

今天讨论的是源头减负，我讲的这几件事在某种程度不是减负，重要的是学生做自己喜欢的事情，做他愿意做的事情。喜欢的事情，做的时间可能比现在还要多，但他不觉得是负担。不喜欢的事情、不该做的事情，该减就要减。这里我有三句话。

第一，课程要多样化、有选择性。我再次大声疾呼，国家有足够的空间，只是自己把自己禁锢了，是不想改革给自己找了一个理由，实际有大量的空间。

第二，中考改革按照教育规律做事情，这跟减负无关。十五六岁的孩子，谁有机会读什么学校，不应该由一张试卷解决。如果之前因为资源有限，不得已而为之，现在高校已经达到了普及化水平。在这种情况下，不应该用一分之差决定一个学生上什么学校、不上什么学校。

第三，教育要有自己的红绿灯，要有自己的规矩。我记得张志勇厅长在山东推行办学规范，所有人不能走这一步，走这一步就是犯规。看上去罚的是校长、教师，实际上保护的是校长、教师，让所有人找到了尊严。作为一校之长，就得按规范去做事。所有人都得这样去做，这样才能回到一个正常的状态。所以这不是减负，而是按规矩办事。

2003 年，教育部发了一个文件，就是义务教育课程改革实验区中考改革方案，上面明确写着鼓励实行等级制度。100 分也是等级制度，考个八九十分就很好，不要在 90 分跟 91 分上较劲。从 60 分到 80 分是进步，从 80 分到 90 分，分数在增长，人的创造性在下降，这件事国际上有很多研究证明。我们用分数决定一个人，这是有问题的。

我们经常在很多场合会听到一个评论，说中国的基础教育是世界上最好或比较好的。这件事情应该持审慎态度。2018 年 PISA（国际学生评估项目）报告，中国学生以北京、上海、江苏、浙江的数据为例，中国的学生学业考试成绩第一，学习效率中等偏下，学习兴趣在后三分之一的位置。因为全球所有参与测试的孩子，都要回答一个问题：再过十年、二十年，是否愿意从事和数学、科学、工程相关领域的职业？中国学生的选择是全球倒数第一。

我国的教育发展谨防学业过剩。所谓学业过剩，就是我们学生用了 120%的时间，牺牲了睡眠时间，考了一个所谓的好成绩，而这个好成绩是应试的方式，而不是用探索和独立思考的方式。不是学业不重要，不是好的读写算不重要，我们是做得过头了，真理往前一步就是谬误。我们的基础教育，成也学业，败也学业。我们好的是考试成绩，出问题的是成绩太好。

刚才讲到英国引进我们的数学教材，这个教材是我参与做的。英国教育部的小学数学初学者的数学教材有两套，一套是全面引进新加坡的，一套是跟我们团队合作的。我们跟英国人讨论，英国人说中国孩子数学成绩为什么好，我们说这是中国的文化传统。孩子还小的时候，爷爷奶奶就开始教数数了，这在英国人看来不可想象。但这是我们的文化，孩子们并不觉得讨厌。

**张志勇**

北京师范大学国家高端智库教育国情调查中心主任
中国教育三十人论坛成员

# 清理功利化、短视化的教育行为

教育要健康发展，党委、政府应该有所作为。要给真正做教育的同志提供环境。也就是说，必须要把正常的教育环境管控好，必须要管住底线。我们不是在无限扩张孩子时间上获得效益，要比改革、比科学、比创新，要清理功利化、短视化的教育行为。

要在教育公平配置上下功夫，从源头上解决内卷的问题。在公平意义上来讲，政府应该大有作为。在教育资源均等化和公共服务均等化上，记得习总书记在十九届五中全会召开之后的中共中央深化改革委员会第 15 次会议上讲到，推动教育公共服务的均等化和可及性，就是公共服务不但是均等的，而且是在身边可以获得的。大家看总书记的讲话，为什么现在提出教育公共服务的均等化呢？均等化是有标准的。政府应该实行什么样的战略？最有效的是底部发展战略，就是哪个学校在底部，政府应该注入资源，让它成为老百姓爱上的学校。办好身边的学校，让身边的好学校成为老百姓的选择，这是从源头上推进教育公平资源的配置。

要给改革者助力，要给创新者鼓励，要给改革和创新提供更好的制度环境。我们希望通过这样的改革制度环境的建立，使教育一步步走向理想的目标。

有一种说法：中国的教育赢在起点，输在终点；美国的教育是输在起点，赢在终点。我说，这是个悖论呀！我一直想不通这个问题。习总书记为什么强调基础教育是基点，高等教育是龙头。基础教育做得扎实，高等教育才会好。

钱颖一先生讲，中国基础教育知识掌握扎实的优势，在人工智能时代将荡然无存，最近这个话在反复传播。我们要看到基础教育的优势，也要看到短板，短板就是：用了过多的时间反复训练，基础教育脱离了生活，脱离了实践，死记硬背，对学习的意义感丧失。

**杨东平**

国家教育咨询委员会委员
21 世纪教育研究院名誉理事长
中国教育三十人论坛成员

# 教育改革做就不难，坐而论道越来越难

刚才各位的发言，已经把源头减负主题的方方面面，都涉及了，有的还相当深入。

王烽所长的发言比较准确，把问题的复杂性、可行性、操作性都谈到了。源头减负或教育制度变革，通常认为太过庞大、太过宏观，所以无从下手，就会采取不作为的态度，觉得难以改革。但是也并不完全这样，我在 21 世纪教育研究院时，出台过好几次高考改革方案和区域改革方案。

我非常同意刘坚教授的建议，全国这么多个中考单位，能不能寻找几个试点，取得一些经验，这个东西非常重要。因为教育改革不完全靠开会，必须要做教育试验。我们这次去日本考察，日本学校分为公办、国立和私立。公办和私立很重要，为什么日本还搞了国立学校？国立学校有一个教育改革的功能，国家教育改革的意见和建议首先在国立小学试验。我们国家缺一个教育改革和教育实践的环节，我相信中国这么多中考单位里找几个做试点，试三种典型、试五种典型都可以，不影响大局。只有在这个基础上，才能得出一些有价值的认识。这就是知和行的关系，永远坐而论道，永远开会，永远等领导批示，不可能有实质性进展。

还要走出去看一看。过去看得比较多的是英美国家，最近几年特别重视回归亚洲，回到同类人群，发现无论是韩国、日本、新加坡、泰国、印度，等等，都有非常大的变化，跟我们之前脑子里的刻板印象不一样。教育改革是一场竞争，你不改，别人改，别人就超过你了。教育改革不是愿不愿意改的问题，也不是能不能改的问题，而是必须要改，而且是不失时机地去改。

而且很多时候，也不需要你从头探索，有现成的做法、模式和经验，拿过来就可以了，没有那么难。坐在房间里开会觉得很难，走出去一看，人家都已经这么做了。上次我们请韩国京畿道教育监（相当于省教育厅长）介绍高中没有考试的情况下怎么选拔学生，韩国的这套规则跟我们不太一样，已经实行了很多年了，很现成。我的一个基本看法，很多事情做起来再说，边做边改，逐渐趋于完善。最怕的是天天发文件、天天开会。如果发文件可以改变中国的话，中国早就改变了。

教育是一个实践性很强的行业，就像烹饪一样，必须要做，在做的过程中才能提高、才能改善、才能发现问题。

前几年，我到各地方了解地方教育改革的经验，当时我关注的主要是农村教育。当时山西有一个教育改革家，很有名，叫吕日周，真的很了不起。他说，所有解决不了的问题，基层都有解决的办法，需要的是领导看到它、支持它、改进它。我们讲中考改革、高考改革多么多么难，其实没那么难。有一个想干事的局长，就改过来了。领导看他做了这件事，正面评价，积极鼓励，尽力完善，就是这么一个过程。所以做起来就不难，坐而论道会越来越难。

# 教育评价制度改革论坛

**常生龙**

上海市教育考试院副院长

# 教育评价的范式演变及未来发展

2020 年，中共中央、国务院颁发了《深化新时代教育评价改革总体方案》。这个总体方案有明确的目标：一个是经过 5 至 10 年努力，各级党委和政府科学履行职责水平明显提高，各级各类学校立德树人落实机制更加完善，引导教师潜心育人的评价制度更加健全，促进学生全面发展的评价办法更加多元，社会选人用人方式更加科学。

还有特别重要的一点，就是到 2035 年建成教育强国的同时，要基本形成富有时代特征、彰显中国特色、体现世界水平的教育评价体系。这是一项非常庞大的工作，要在这个时间点上建成世界水平的评价体系，我们首先就要梳理研究世界各国的评价体系从最初到现在经历了哪些发展阶段，有哪些基本特点。

## 一、国际教育评价改革的四代范式

教育的历史非常长，但教育评价的历史比较短。从心理学家开始研究教育评价到今天，也就 100 多年的时间。这 100 多年时间里，教育评价走过了四个阶段或四种范式。

第一个阶段是以工具为导向、以测量为标准。第二阶段是以目标为导向，描述为特征。第三阶段是以决策为导向，判断为特征。第四阶段是以价值为导向，共建为特征。我们正在构建的新的评价体系应该是第五代，它有什么特征，需要我们共同研究，将其界定出来。

说起第一代评价，总要从达尔文的表弟高尔顿谈起。高尔顿在教育测量和评价的前期研究方面做出了重要贡献，在 19 世纪 70 到 80 年代有一系列研究成果。美国的心理学家赫根汉说，没有哪个人像高尔顿一样，做了这么多第一次的探索。第一次使用了调查问卷、第一次使用了词语联想测验、第一个研究了表象、第一个进行了智力测验、第一个进行使用了相关统计方式、第一个研究人的智力是以遗传为主还是后天教育为主。他毕生致力测量，在人类学、地理学、数学、力学、气象学、心理学、统计学等方面都做出了令人印象深刻的贡献。

受高尔顿测量领域探索实践的启发，一批心理学家意识到，将学生的学习能力用智力测量的方式呈现出来，并采用数量化处理的方法加以研究，有助于提升教育研究的科学性。于是，大家纷纷投入其中，开展了多样化的实践，1904 年，美国心理学家桑代克出版了《心理与社会测量学导论》，标志着教育测量运动的真正开端。

1905 年，法国心理学家比奈何的助手西蒙编制出了世界上第一个智力量表，即“比奈-西蒙智力量表”，其中涉及 30 个由易到难排列的项目，用以测量智力在多方面的表现，比如记忆、理解、手工操作等，目的是为了把异常儿童和一般儿童区分开来，并对其进行特别的教育。该量表之后被不断地完善，对教育测量的标准化产生了极其深远的影响。

人们常把这一时期的评价称之为第一代评价。由于这个阶段的评价主要是编制和选择测量工具、组织和实施测量、提供测量数据和评价结果，所以这是以工具为导向、测量为标志的评价。测量指向的是一个个的学生，关注的是如何将个体的“智力”用具体的数量给表达出来，既未涉及教学过程，也不涉及对教师、学校的评价。

1933年，罗斯福推行“经济的社会化政策”，导致大批青年无法就业，纷纷涌入高中。当时美国的高中课程是为大学生服务的，显然与这些青年的就业需求不相吻合，高中的课程设置与学生需求之间的尖锐矛盾，促使美国进步教育协会实施了一项课程内容改革的实验，史上被称为“八年研究”。拉尔夫·泰勒主持了“八年研究”的评价工作，并在此基础上出版了《课程与教学的基本原理》一书，把课程理论归结为四个最基本的问题，即确定教育目标、选择教育经验、组织教育经验、评价教育经验，由此构成了著名的“泰勒理论”。该理论把评价关注的焦点从学生身上转向整个课程方案，聚焦教育目标，融入课程设计和实施的全过程，强调人的行为是复杂的，需要从多方面加以综合评估。并提出了关于评估工作的五个重要的观点：一是教育是使人的行动方式发生变化、得到改善的过程；二是各种行动方式的变化都是教育的目标；三是教育计划要以教育目标实际完成的水平而加以评估；四是人的行为是复杂的，既不能用个别的名词来说明，也不能用单纯的测验来判断，对他的评价必须从多方面加以综合才能完成；五是要搞好评估，单靠纸和笔是不够的，还应当用观察、谈话等多种方法。

由于“八年研究”的广泛影响，泰勒提出的评价观念和理论，很快就被人们广泛地接受和应用，很多人把此研究报告称为“划时代的教育评价宣言”。而泰勒本人则被誉为“教育评价之父”。换句话说，真正的教育评价是从“泰勒理论”的建立而开始的。泰勒模式的实质是以目标为中心的模式，因此又被称为“目标模式”。该模式的核心内容包括三个方面：一个是关注目标，即课程设计、课堂教学要达成的目标是什么；二是如何依据目标来组织教学内容，引导学生开展学习；三是描述教育效果，看是否达成了预设的目标。这是第二代评价，是以目标为导向，用教育评价来描述教育效果，以“描述”为特征的评价。

1957年10月苏联第一颗人造卫星成功发射升空，引发了美国举国上下的一片恐慌，学校教育成效不佳被认为是主要原因，由此催生了新一轮的课程教学改革运动。大规模的教育改革如何保证教育质量，对教育评价也提出了新的要求。在反思“泰勒理论”只注重结果，局限于确定教学目标实现与否的弊端的基础上，斯塔弗尔比姆提出了CIPP教育评价模式，包括背景评价、输入评价、过程评价和成果评价。该评价模式既包括对目标有效性的评估，也包括对课程规划、教学设计等决策的评估；既包括对教学实施过程的评估，也包括对教育效果的评价。强调评价不仅要以目标为中心，更要注重对决策的评价；不仅要关心课程编制者规定的目标，检验这些目标达成的程度，更应注意对目标的合理性的判断，关心所作的决策以及决策的依据。教育评价由此进入以决策为导向，以判断为特征的第三代。

第三代评价虽然关注了对目标和决策的评价，但仍属于上级对下级、专家对基层所开展的评价，有着浓厚的管理主义倾向，预设的评价指标往往会忽视教育价值的多元性，教育的重要利益方教师和学生都没有参与其中，在实践中的弊端逐步显现。20世纪80年代，美国著名教育评价专家库巴和林肯依据建构主义方法论，提出了第四代评价范式，倡导以价值为导向、以共建为特征的评价。认为评价就是对被评事物赋予价值，其本质是一种通过“协商”而形成的“心理建构”。强调在评价的过程中，学校、教师、学生以及其他利益相关方要共同参与其中，大家都有机会发表自己的意见，通过平等、合作的互动交流，来建构统一的观点。不是用一把尺子评价所有学校，而是一个学校一个方案。其主要内容包括：

（1）把评价看作是所有参与评价活动的人们，特别是评价者与被评价者双方交互作用、共同建构统一观点的过程，评价结果也是双方交互作用的产物。

（2）提倡在评价中形成“全面参与”的意识和气氛。主张让参与评价的所有人都有机会发表自己的意见，并要求评价者在评价中充分尊重每个人的尊严、人格与隐私，所有参与评价的人都应是平等、合作的关系。

（3）认同评价中的“价值差异”。认为参与评价的人们的价值观是各不相同的，价值标准是存在差异的，这种差异的观点将纠正传统评价理论整齐划一的观点。

这一全新的评价理念一经推出，就在教育领域引起了很大的反响。

每一代评价范式的提出，都有其独特的时代背景和教育变革需求。第一代评价的需求，是让教育研究更具有科学性，为了解决这一问题，催生了第一代的教育测量运动。第二代评价范式的着力点，是为了解决学校课程设置与学生需求之间的矛盾而开展的改革，并因此催生了教育评价。第三代评价范式的关注点，是在大规模教育改革实践中，保证教育的质量和成效。第四代评价的着眼点，是让教育利益的相关方参与到评价之中实现共同成长。不仅是外部对被评价者的评判，而是被评价者和评价共同成长的过程。这是一种发展性评价。

## 二、教育评价体系建设的几个着力点

教育发展面临着新形势。人工智能迅猛发展，去年的 ChatGPT，还有前两天谷歌推出的通用大模型，对教育的冲击非常大，不确定性已经成为一种常态。工业时代的教育模式，大统一、规模化，在今天的新的转型时期已经完全不能适合社会发展的需求。我们需要多样化的教育，需要培养各具特色的学生，让他们拥有面向未来必须具备的关键能力和必备品格，也就是我们常说的核心素养，帮助他们从容走向未来。

在教育转型发展的背景下，教育评价该有怎样的作为？近些年来，国家层面一直在探索评价改革的新思路。我大致梳理了一下。就在新世纪这 20 多年的时间里，我们已经走过了四个阶段的教育评价改革之路。

一是评价体系的萌发阶段。1999 年 6 月，中共中央、国务院颁布了《关于深化教育改革，全面推进素质教育的决定》，明确提出“加快改革招生考试和评价制度，改变‘一次考试定终身’的状况”。启动探索建立促进学生全面发展的评价体系、促进教师不断提高的评价体系、促进课程不断发展的评价体系。

二是多元评价实践阶段。2007 年起开始着力探索多元的、综合的、分层级的评价。多元评价聚焦于学业评价、课程教学评价、五育并举评价、教师发展评价、学校发展评价等方面；综合评价着力加强学生评价、教师评价、教育专家评价、社会贤达评价、管理部门评价；分层评价，积极构建国家、省市、地方、学校四级评价体系。

三是考试招生制度改革。2014 年 9 月，《国务院关于深化考试招生制度改革的实施意见》发布，标志着新一轮考试招生制度改革全面启动。改革十年来，我们走过了艰辛的探索之路，这次改革也被认为是最全面、最系统、最深刻的考试招生制度改革。2023 年 10 月，怀进鹏部长代表国务院向全国人大汇报考试招生制度改革的进展情况，梳理了七个方面的成功经验，并表示《意见》确定的改革任务已基本完成，中国特色现代教育考试招生制度基本建立。

四是教育评价体系改革。2020 年 10 月，中共中央、国务院印发《深化新时代教育评价改革总体方案》，启动了我国到目前为止最为系统、最为全面的教育评价体系改革。目前，该评价体系尚处于探索、实践的阶段，还需要一段时间才能完成。但和以往相比，我们将要构建的教育评价体系有如下几个特点：

第一，在评价理念上突出核心素养的培育，在评价技术上突出与人工智能、大数据等智能技术的融合。现有的教育评价方式，没办法实现大规模教育背景下，面向学生个性发展的评价，一定要借助人工智能技术才有可能实现。智能化将是这一评价的显著特征。

第二，要关注学生学习的全过程，在纵向上构建大、中、小、幼一体化的学生发展标准。为什么要把学校分成幼儿园、小学、初中、高中等不同学段？

那是因为在不同学段里，学生的生理、心理等发展特点的规律是不一样的，要针对其特征采取有针对性的教育。现在有不少小学、初中和高中，在低年级开展行为规范教育，中段开展感恩教育，毕业年级开展放飞理想教育，看上去很热闹，但没有关注学生的身心发展特点。

第三，在横向上建立德、智、体、美、劳和谐并进的发展标准，做到要素齐全。以前太注重智育，忽视了其他几个板块，所以要“五育并举”。但在实践中又出现了很多“拼盘”的现象，违背了德、智、体、美、劳全面发展的本意。在“五育并举”的基础上进一步实现“五育融合”，这正是评价可以施力之所在。

第四，促进学生的个性发展，呵护学生的人格。要从眼里只有班级群体、看不到学生的教育，转向关注到每个学生的发展状况、为学生更有质量的发展提供强有力支撑的教育。

第五，要让教育评价的利益相关方均参与其中，从党委政府、社会和用人单位、学校、教师、学生再到家长，全面覆盖。大家都来关心教育，都来关注教育评价，才能形成良好的教育评价生态。

第六，探索多元化的评价手段。现在结果评价各方是重视的，我们要“改进”，让它的作用更好地发挥。过程评价之前不够重视，现在要“强化”。增值评价是一个新鲜事物，要加强“探索”。综合评价我们已经有了一定的实践，要把它“健全”起来。

生态文明思想是以习近平总书记为核心的新一代党和国家领导人的政治智慧，从根本上改变教育评价的指挥棒问题，是教育评价领域生态文明理念的生动体现。

## 三、未来评价改革方向前瞻

评价改革将成为主旋律。当考试招生制度改革基本完成之后，接下来的改革重点就是从考试招生的改革转向深化教育评价，这是一个重要的转折点，也是推动学校教育向更高质量发展的着力点。确保这一方案在 2035 年基本建成，是我们当前的重要任务。

智能测评将成为常态。怎么用智能的方式获得相关的测评数据，为评价做支撑？关键是无感数据采集和分析。现在在评价方面有很多智能化的实践，但老师在上课时，需要不停地在电脑屏幕和学生互动之间来回折腾，为的是将相关的数据及时采集下来。这样的课是上不好的。好的评价一定是无感的，是能够及时反馈的。评价能不能更好地促进、激励学生学习，关键就是能否实现及时反馈。我们平时很喜欢玩游戏，游戏最大的特征是及时反馈。以通用大模型为特征的、具有信息加工特点的人工智能，为智能评价的探索实践提供了一条道路。除了算力的支持之外，要更加关注标准的研究、特殊模型的构建、各类数据的采集。在智能时代的测评研究中，这些都将成为热点。

教育评价将深度嵌入学习过程。未来的教育评价会嵌入学生真实的学习情境之中，而不是在学习之外单独进行。评价引导学生个性化成长，将逐渐成为现实。

**张　生**

北京师范大学教授

# 构建高质量的教育评价指标体系

教育诊断性的核心在于挖掘背后的教育科学规律，评价本身就是一种高阶思维的学术活动。如果把评价的价值落实到教育教学的过程中，这是一件更重要的事情。要发挥这两者的作用，必然涉及无感或有感，都要强调评价环境。就好像将军、师长冲在第一线，这不行，要有分工。现在我们的学校缺少分工，优秀的老师、一般的老师、合格的老师做的事都一样，这肯定不是一个有战斗力的团队。教育诊断性非常重要，强调数据背后的价值挖掘。

刚刚谈教育的成就和不足，教育的成就是为改革开放和近 40 年的发展奠定了非常好的基础。但是教育为什么又不让人满意呢？最大的问题是新的数字世界出现了，生产力发生了巨大的变化，老的一套不能完全适应，要在新的时代看之前的教育，存在诸多问题。我们现在对于这样一种融合实践里的学习者的认知规律、管理的规律、育人的规律，都没有重新定义。请问大家，普通的老师在新的人工智能时代能不能培养出好学生呢？这是我们需要回答的问题。

在这样的背景下，我们要考虑教育数据。现在数据越来越多，收集数据越来越容易，是不是天天要把数据分成 30 个一级指标，300 个二级指标，去全方位扫描呢？可以做，也可以不做。核心就是要不要凸显教育规律里的学生思维的发展、学生思维的外化，怎么让学生去创造。如果做不到这一点，做再多的评价也是问题。所以现在诊断很容易，但负担会越来越重。

影响教育的因素非常多，除了学生个体、家庭、学校、班级、区县教育局外，还非常多。只要一叠加，教育的复杂程度就可想而知，评价的复杂程度可想而知。站在不同的角度看教育评价，都与新的教育生态紧密相关。你要什么样的教育，就有什么样的教育评价制度，就有什么样的教育评价体系，就有什么样的环境和实施过程。

所以“双减”的背景不仅仅是为了减，更重要的是建立高质量的教育发展体系。这样的发展体系必须要找到科学规律。

我们看到每个学校都有这样的规律，就是客观投入不一定会直接转化成负担，学习态度低时、师生关系差时就发生负担。我们只有抓住规律，才能科学落实国家的政策。现在有的地方是一刀切，说把作业都去掉就好了。多少次实践证明，这种做法是靠不住的。

还有很多科学规律，比如影响学习成绩的因素和这些素养是什么关系，比如坚毅、兴趣如何影响到学习成绩。这还不够重要，重要的是这些因素本身就是人长期发展的指标。所以刚刚张院长说，学习兴趣很重要。

前段时间，我们构建雄安新区的教育评价指标体系，我在想，未来能不能分阶段。小学阶段的很多指标，诸如兴趣、校园感、学习动机等都还保留，五育并举，做各种活动。但到了高中全是应试，代价就是各种能力素养并没有提升，我们培养出这样的学生行不行？前面各位专家提到，政府一定要有责任感，要有明确的价值观。

前面讲的是自上而下的教育评价，还有一种是自下而上的教育评价，无论是教材的落地、教材的编写还是课程的实施，都要发挥评价的高阶思维的作用。

我们提出了几个能力。学生有评判能力，就是评价他人过程的能力。比如我一会儿请张老师点评，他就会认真听。听和做评价是两个不同的思维过程，学生缺少对他人或作品去做评价，没有做到知己知彼。没有知彼，很多能力是很低的，没有整合、分析、评价、创造。

有了这样的理论以后，还要到教材里去。但很多教材里的评价就是练习题，就是简单的合作，这是不行的。新的评价理论如何落实到教材编写呢？现在的教材编写里没有方法，方法在教参里，需要每一个老师把教参、教材、习题三者融在一起，再形成转化，导致教学评价不一致，教学的过程很差。从素养到课表、过程、教研、实施和学生身上，有五六个环节，每一个环节达到 90%，最终是 50%。很多地方的教材，没有做到这一点。有了这些内容以后，我们当然要用课堂上的数据和教材配套，最好有一套系统。

环境如果不发生改变，素养和评价就无法落地。环境需要大量的钱，需要像国家工程一样，国家工程有空间，一个是物理空间，一个是数字空间。物理空间是扩大时间和空间，老师的时间是不够的。互联网上面，每个人发言的话，30 个人发言 3 分钟就是 90 分钟。所以时间和空间在数字化平台上需要得到极大的拓展。

我们做了很多实验，发表了相关论文，有很多评价理论和评价环境设计，大家感兴趣可以去看。

我们最后做到让普通老师不用培训就可以评价，点点鼠标就可以了，不需要录入什么参数、题目等。选择几个题目，填上学生的反馈，结果就出来了。所以对设备的要求，可以减到评价器或反馈器，就像家里的遥控器一样，不用那么复杂。未来发展更好时，可以有 IPAD 新的终端。核心在于评价理论，强调评价本身在标准制定和内容深思、评价反思方面对学生发展的作用。

目标不一样，做法也不一样。比如之前天天想提高教师的评价能力，现在发现太难了。我培训到老，把所有人都培训不完。我教会老师一句话：不要改作业，但改变一种问法。“同学们，看到这几个作业，你们今天的任务是能不能回家以后创造性回答。什么叫创造性回答？可以改变，可以对比，也可以类比，也可以去归类，也可以换外衣，也可以仿创。”我们形成一种结构，让这种结构多层生成，生成以后要做展示，展示以后，让学生评价他人的作品。这件事情基于开源命题的多元生成，评价、创新、合作、自主学习、思维，都在里面发生。之前我们只完成了统一作业，做完作业以后，是教师批，教师负担过重。因为没有交给学生，教师越繁忙，学生发展越不好；教师越轻松，学生发展越好，这才是好教育。

这是一个学生终端，可以马上反馈，这么一个几十元钱的设备就能做到。我们有的时候用几千、几万元的设备做培训，而这个几十元的设备拿过来就能用，也不需要培训。只有这样，我们才能做规模化、普及化。否则的话，学校的差异越来越大。

目前的学校，普通教师的比例大，特级教师比例小。从管理变革来讲，士兵应该做什么，连长应该做什么，我们应该形成一个战斗力的团队。从供给侧角度做这个事情，我们提出了这个模型。这个模型可以看到：普通老师以讲教材为主；组长带领新教师一起跨学科；进一步发挥学生的作用，形成各种兴趣小组，这样学生社团就可以完成学生补优补差。通过三次供给，每个人都能得到一定的发展。后面是针对拔尖创新人才的强基一、二和学校的特色发展。这样一结合以后，不同的教学模式发挥不同的作用，发挥管理的作用，评价就产生了价值。新的时代必须有新的理论，尤其强调过程性评价的时候，不是时时刻刻诊断，而是发挥评价的学习性作用。

把学习的功能融入过程中，最后产生了数据，自然就可以做诊断。我们可以建立各种大数据模型，因为学习过程被记录。就像刷抖音、刷微博，不是为了记录而记录，而是你在看的时候被记录，最后再进行推送。我们一定要从之前的先诊断后学习，没有能力改进，转换成符合时代发展的学习，产生过程数据，再进行诊断。

评价强调三步。第一步是生成和展示，强调人的思维生成。第二步强调参与评价活动，要去评价他人。大家一定要注意评价者是主体，我评价别人的过程中是我的发展，是主体的发展，而不是客体的发展。之前的多元评价强调的是客体的发展。第三步是反思与改进，及时性和迭代性。

过程性评价有两个维度，是否有价值和作为高阶思维的学习评价，这两者未来融合得好，形成了自下而上的评价，学生的负担不会增加，反而会降低。

**杜全平**

山东省潍坊市教育局党组书记、局长

# 深化评价改革，引领构建轻负优质教育生态

非常荣幸向各位介绍一下，山东省潍坊市近几年通过深化教育评价改革、构建良好教育生态的有关做法。不当之处，请各位老师批评指正。

潍坊市位于山东半岛中部，是环渤海重要的中心城市，在校师生 202 万。潍坊教育 20 年来始终坚持立德树人不动摇、遵循规律不折腾、改革创新不懈怠。我们通过深化新时代教育评价改革，将教育评价改革作为教育综合改革的龙头项目，聚焦党政、学校、教师、学生等关键领域，改进结果评价、强化过程评价、探索增值评价、健全综合评价。通过不断探索实践，营建了各类教育协调、区域优质均衡、体制机制灵活、群众满意认可的教育生态。

山东省对各市政府的教育履职评价，潍坊市连续四年获评“优秀”等次。特别是山东省教育厅委托第三方教育机构，对 16 个地市的“双减”成效进行了面向家长的大样本抽查，抽查中共有 21 项指标，潍坊市 17 项指标都是全省最优。潍坊教育的社会满意度，多年来持续保持在全省前列。这是潍坊教育改革发展的历史成果。下面是我们的一些做法。

**第一，聚焦“正确履职”，深化党政教育职责评价。**

在教育评价里，我们认为党政评价最重要，它对区域教育生态发挥着至关重要的作用。潍坊市委、市政府加强对教育工作的领导，要求全市各级特别是县市区的党委政府坚持正确政绩观，树立科学的教育发展理念，让地方党委政府把对教育的兴趣点和关注点放到对教育的资源保障和区域教育优质均衡发展上，营造良好的教育生态。

一是在方向引领上。潍坊市出台了《潍坊新时代教育治理评价关键要素模型》，我们构建了区域教育评价、党政履行教育发展职责评价、学校立德树人评价、教师教书育人评价、学生五育并举评价的 1+4 评价体系，为评价改革落地提供了抓手。

二是在党政履职上。2021 年，我们升格组建了潍坊市教育督导委员会，之前副市长担任督导委员会主任，我们升级变成由副书记、市长担任。每年年初发布一县一方案清单，每月围绕人、财、物，调度党政两个一把手为教育办实事和解难题的具体举措。到了年终开展综合督导，通过教育综合督导评价，引领县市区政府保证教育的供给，发展优质均衡的教育。

三是在评价方式上。我们重视数字化，开发了新一代“互联网+督政”平台。实现监督过程中的管理、问题预警、调查统计、数据分析、结果反馈等功能于一体，有效实现了教育督导的精准性、便捷性和科学性。

四是在结果使用上。督导结果在潍坊日报、潍坊电视台上公布，接受人民和社会的监督。通过对党委政府的评价改革，有效调动了县市区党委书记对教育工作的积极性。

**第二，聚焦“轻负优质”，深化学校办学水平评价。**

在这方面，我们出台了《潍坊市县市区办学水平评价实施方案》，开展三年一个周期的评价。在评价的关注点上，主要是聚焦立德树人根本任务，在实际过程中构建了“基础规范+育人质量+特色发展+满意度”的学校评价体系。

一是基础规范评价。这是底线性指标，是学校必须做好、不能出现问题的事项，我们重点加强了结果性的监督评价，确保学校可以落地规范执行。

二是育人质量评价。这是发展性指标，指向学生的全面发展。我们深入实施基于课程标准的教学评一致性改进行动。持续监测学生的体质健康、近视率、心理健康、课业负担等。

三是特色发展评价。这是一个创新性指标，突出学校改革创新和发展变化情况，学校围绕课程建设、教师成长、教育数字化、校家社共育、校园文化等方面自主申报项目和成果，聘请专业机构，组织专家进行诊断性评价，把评价变成发现问题、解决问题的过程。

四是办学满意度评价。我们每学期开展一次覆盖全体师生家长的满意度评价。结果作为评价学校的重要依据，对测评中反映出的问题设置清单管理，及时反馈，让学校的变化能让师生和家长看得见。

**第三，聚焦“德能勤绩”，深化教师综合素养评价。**

我们出台了“三定三聘三评”改革。三定是定编制总量、定岗位总量、定绩效总量；三聘是聘工作岗位、聘职称岗位、聘层级岗位；三评是评师德素养、评业绩表现、评专业水平。

一是突出师德素养评价。我们建立了面向全市 10 万名教师的线上师德考核库，这个师德考核主要是底线考核，每学期一考核，结果进行公示并入库。

二是突出业绩表现评价。我们实施分类评价，制定校长、中层以上干部、学科教师、教辅人员等四类评价指标体系，明确工作量、教学质量、育人成效等关键指标，摒弃与教育教学无关的事项评比，引导教师爱岗敬业。我们制定了20项教师减负落实清单，探索开展教师关爱十大行动，严格规范进校园事项，保障教师心无旁骛抓育人。

三是突出专业水平评价。我们构建了新入职教师、胜任型教师、骨干型教师、专家型教师、导师型教师的五个层级发展体系，根据不同的层级确定评价周期和指标，不断提高岗位的胜任力。

**第四，聚焦“多维多元”，深化学生全面成长评价。**

坚持学生中心，以促进全面而有个性发展为目标。潍坊市从2005年开始实施中考改革，2021年以市政府名义再次出台新中考方案，建立“等级表达、多次考试、综合评价、多元录取”的中考招生制度。

一是以等级表达缓解“分分必争”。学科分数全部转化为等级，根据科目特点有8个等级、5个等级和3个等级。这样缓解了学生的分分竞争。一定程度上解决了题海战术、反复训练的问题。

二是以多次考试打破“一考定结果”。我们现在允许学有余力的学生，提前参加中考科目考试。八年级下学期安排地理、生物考试，九年级上学期参加信息技术考试，九年级下学期参加语文、数学、英语等全部初中科目考试。如果学生对成绩不满意，可以再次考试，以最高成绩作为最终成绩。

三是以综合评价促进“全面发展”。我们建立了“量表+标志性成果+底线”的学生综合素质评价制度，引导学生全面发展。

四是以多元录取助力“个性特长”。潍坊尊重高中学校招生自主权，每一个学校根据学校的特色和优势确立招生录取方案。潍坊的高中学校录取第一组合是语、数、英、体育、综合素质。第二组合从理、化、生、政、史、地六科中选择四科作为第二录取组合。同时允许学校按照10%的比例招收特长生。这些措施有效地促进了学生个性化成长，助力了高中特色化发展。

五是以职普融通促进“多元成长”。潍坊这几年的职业教育改革力度比较大，在高中阶段的职普融通做得比较好，我们实现了高中阶段的学籍互转，特别是重点高中，允许学生有二次选择的机会。

这些年我们聚焦教育评价改革，不断创新支持保障体系，汇聚起党政、家长、社会等多方合力，持续走好“轻负优质”素质教育之路。

一是始终坚持党的领导。我们充分发挥党委教育工作领导小组作用，其中党的领导特别重要。我们优化党委教育工作领导小组定期会议、月度调度运行机制，“抓党建、抓改革、抓人才”述职评议，推进教育改革发展责任。

二是始终坚持专业支撑。在实践中，我们体会到教育评价改革是一个专业性非常强的工作，专业的事应该由专业的人和专业的机构来做。我们成立了潍坊市教育评价专家委员会，服务全市的教育评价工作。我们引入了第三方专业团队参与学校考核，校长职级认定、教师成果认定等实行专家评价，将评价过程转化为诊断、指导、引领的专业活动。

三是始终坚持凝聚共识。我们构建了“党政主导、专业引领、课程推动、家校协同、社会参与”的家校社协同育人体系，研发全国首套按年龄、分年级、成体系的家长课程《牵手两代》，建成中国首个线上家庭教育公共服务平台，形成覆盖0到18岁的家庭教育课程体系和一年四次八课时的课时标准。

四是始终坚持数智赋能。我们通过潍坊教育大数据中心，开发教育督导系统、学生成长系统、教师之家等学校师生智慧评价应用系统，形成了以潍坊教育大数据中心、111个学校数据研究中心为一体的数据收集分析应用平台，让评价更精准高效。

教育评价是一项系统工程，需要久久为功、持续发力。我们将持续深化教育评价改革，坚决破除唯分数、唯升学、唯文凭、唯论文、唯帽子的倾向，办好更有高度、更有精度、更有温度、更有力度的人民满意的教育，回答好“建设教育强国、潍坊何为”这个时代课题。

我就汇报这些，谢谢大家！

# 地方教育治理论坛

**延　鑫**

山东省东营市广饶县教育局党组成员、总督学

# 建设高质量教育体系，办好人民满意的教育

我是来自山东省广饶县教育局的延鑫，非常荣幸有这样的机会向各位专家汇报，更重要的是通过向各位专家学习，提高自己对教育的认识和理解，加深对教育的思考。

广饶县是五类教育齐全的县区，现有各级各类学校、幼儿园137所，其中幼儿园95所，基础教育学校39所，职业教育学校1所，高等教育1所、特殊教育学校1所，现有在校生10万余人，教职工7931人。多年来，广饶县按照“高点定位、内涵建设、均衡发展、特色创新”的工作思路，以“办好人民满意的教育”为出发点和落脚点，全县教育事业呈现出协调发展、创新发展、加快发展的良好局面。广饶县先后被授予国家义务教育基本均衡县、全国深化实施素质教育典型县、国家学前教育普及普惠县、全省教育工作示范县、全省人工智能教育试点县，各类教育发展走在全市乃至全省前列。下面，将有关情况交流如下。

## 一、完善保障机制，夯实教育高质量发展基础

一是强化规划引领，压实发展责任。2022 年以来，县委、县政府相继出台并实施了广饶县“十四五”教育事业发展规划，学前教育、特殊教育、普通高中发展提升行动计划，印发了《广饶县推进乡村教育振兴专项工作方案》《支持东营科技职业学院高质量发展的意见》等 2 个专项方案，并将任务落实纳入了镇街、相关部门责任考核体系，既明确了“十四五”期间各类教育的发展规划目标，谋划了未来广饶教育发展的“路线图”“时间表”，又压实了发展责任，有力有效地保障了规划的推进落实。

二是加大投入力度，优化资源配置。“十三五”期间，教育类项目建设总投资 30 亿余元，近 3 年投资 9.2 亿元，新建、改扩建城乡学校 6 所、幼儿园 14 所，新增学位 1.3 万个。通过上述工程的实施，各学段教育资源配置进一步优化，保障了二孩生源高峰期的学位供给，2023 年秋季小学生源高峰期我县实现平稳有序入学（小学一年级 1.2 万人）。

三是坚持城乡统筹，改善办学条件。在全力保障城乡适龄儿童“有学上”的基础上，县域内城乡学校办学条件均衡配置目标全面提前高位实现，主要体现在“3 个达标”和“5 个全覆盖”上。“3 个达标”是：城乡学校省定Ⅱ类以上办学条件标准达标率 100%，千兆进校、百兆进班、智慧校园建成率 100%，标准护眼灯装配率 100%；“5 个全覆盖”是：镇街驻地以上学校录播教室全覆盖，有需求学生午餐午休全覆盖，城乡学校有需求学生乘坐校车全覆盖，全学段学生资助全覆盖，学生课后服务全覆盖。

## 二、立足教育公平，优化教育优质均衡发展格局

坚持从教育教学内在规律出发，创新思路、分类施策，学前教育抓普惠、基础教育抓均衡、高中教育抓质量、高职教育抓融合，推动全县教育工作水平整体提升。

一是立足普惠优质，加快发展学前教育。推进“优质园+”办园模式，全面实行镇村一体化管理，形成了学前教育集团化办园、标准化管理、一体化发展的格局。目前，全县幼儿园毛入园率达到100%，普惠性幼儿园在园幼儿占比、公办幼儿园在园幼儿占比分别达到94.49%、84.71%，分别高出国家“十四五”学前教育发展目标14.49个百分点和34.71个百分点。全县创建省级一类以上优质园61所，占比69.3%，高出省定“十四五”规划指标19.3个百分点。2022年我县列入山东省申报“国家学前教育普及普惠县”评估认定名单，2023年又申报教育部普惠性学前教育保障机制试验区，学前教育发展位居全省前列。

二是立足优质均衡，着力提升义务教育水平。坚持城乡一体发展，在“强镇筑基”改革试点镇街全覆盖的基础上，大力实施乡村教育振兴计划，将优质教育资源下沉到乡村学校，辐射带动镇域教育水平整体提升，有效稳定了乡村生源。目前，全县义务教育学校38所、在校生5.6万人，城乡学校在校生占比分别为5∶5，县域内适龄儿童总体选择就近入学。2022—2023学年，县域义务教育优质均衡校际平均差异系数小学0.36、初中0.27，均达到优质均衡国家标准。《山东教育》杂志以《“强镇筑基”为教育高质量均衡发展蓄力赋能》为题刊登了广饶经验，我县入选了山东省首批乡村教育振兴实验区。今年8月、9月我县分别在全国乡村教育振兴论坛、义务教育优质均衡发展论坛做经验分享。

三是立足特色发展，大力发展高中教育。县域内普通类高中经过资源整合，

只有 1 所，“千人教师万人校”，实行“一校三区”的管理模式，另外还有国际部和艺体部两个特色校区。深入实施强科培优行动，全面提高普通高中教育教学质量，本科上线率从 2009 年的 32.95%提高到 2023 年的 90.89%。2023 年广饶一中高考成绩再创新高，北大清华录取 9 人，分别有 324 名、305 名、175 名学生考入“双一流”“211”“985”高校，成功创建为全省首批特色高中。

四是立足融合创新，重点突破职业教育。投资 13.5 亿元启动实施东营科技职业学院迁建工程，2020 年投入使用，目前在校生 1.5 万余人。2022 年在全省 84 所高职院校办学质量考核中，东营科技职业学院排名第 28 位、列民办高职院校第一位。县职业中专自 2012 年资源整合以来，共有 10790 名学生通过春季高考考取本科，春季高考录取率多年在山东省保持第一，2023 年本科录取 1564 人、录取率达到 70.1%。2023 年通过了山东省示范性中等职业学校终期验收。

五是立足全员覆盖，推进特殊教育融合发展。依托县启慧教育学校建立了县特殊教育资源中心，各幼儿园、中小学设立随班就读资源教室，并通过随班就读、上门送教等形式实现了特殊儿童义务教育全覆盖，全面实现 15 年免费特殊教育。2021 年，我县被确定为“省残疾儿童随班就读县级支持保障体系建设工作”重点联系县，同年创建为山东省首批残疾儿童少年随班就读示范区。

## 三、强化队伍建设，壮大教育高质量发展师资队伍

一是加大教师补充力度。持续优化师资结构，2022 年以来招聘幼儿园、中小学教师 370 人，安置公费师范生 21 人。2023 年创新实施“英才进广饶”服务企业政策，为东营科技职业学院量身定做，东科是民办高校，保留编制身份到东科任教同时兼重点企业科研，三年合同结束后既可选择到编制学校，也可选择到东营科技职业学院或者企业。

二是加大培养培训力度。编制实施《广饶县中小学教师培训规划（2021—

2025年）》，年均培训教师1.2万余人次，有效提升了教师队伍专业化水平。近年来，共培育山东省特级教师9名、齐鲁名师名校长12名（含建设工程人选）。

三是优化城乡师资配置。以收入分配引导优秀教师到乡村学校任教。在全省率先实施乡镇补贴“1200元/月+工龄”标准，有效激发了乡村教师的积极性，确保乡村优秀教师“招得来、留得住”；以职称评聘引导校长和教师安心在农村任教，满10、20、30年乡镇教龄可突破岗位限制评聘职称；增设不受岗位限制的农村教师职称，设立基层高级、正高级职称，5年期满可考核换证。目前，县城区学校高级教师占比13.53%，农村中小学校高级教师占比25.09%；加强城乡教师交流，实行“任课实名制”。按照标准班额（小学45人、初中50人）设置班数，规范开齐开全课程，每周对教师任课情况进行公示，并定期报县教育局备案。备案情况作为评先树优、考核评价、职称评聘、绩效工资发放等工作的重要依据，近五年交流轮岗城乡校长、教师约740余名。

四是强化师德师风建设。厚植教师立德树人情怀，全面开展师德师风主题教育，实施政治建设“思想铸魂”、能力建设“业务研训”、职业教育教师“双师培养”等行动，建成了一支高素质教师队伍。

### 四、坚持立德树人，筑牢学生全面发展的基石

一是深入实施强德固本行动。建成广饶县全环境育人中心，搭建全社会协同育人、全学段思政教育、全覆盖心理援助、全系统家校共育4个平台，建设心理健康、家校共育2支志愿服务团队，实施心理健康教育、家庭教育2项行动计划，构建起系统化、全方位促进学生身心健康成长的体制机制。构建德育、学科、传统文化和实践活动“四位一体”的德育课程体系，创建社会实践研学基地25处（国家级1处、省级2处）。

二是全面推进“五育”并举。大力加强教育科学研究，深化课堂改革，提升课堂教学质量。严格按照国家课程方案和课程标准，确保学生达到国家规定学业质量标准。全县每年开展五项体育联赛（田径、乒乓球、足球、篮球、排球）、校园艺术节（器乐、舞蹈、戏曲、合唱）等活动，实现了学校体育艺术活动全覆盖。各中小学校“一校一案”制定劳动教育实施方案，劳动教育得到有效落实。

三是着力落实“双减”政策，减轻学生课业负担。坚持全面压减作业总量和时长，着力落实小学一、二年级不布置书面家庭作业，其他年级每天书面作业完成时间不超过 60 分钟；初中每天书面作业完成时间不超过 90 分钟的要求。规范义务教育阶段学校办学行为，统一作息和课程安排等（内卷、外卷）。减轻学生校外培训负担。教育引导学生及家长正确认识校外培训，规范管理校培机构。

## 五、聚焦民生所盼，教育为民服务初见成效

一是落实课后服务。从 2021 年起，全县义务教育学校全部开展课后服务，实现了课后服务有需求学生全覆盖；2023 年秋季起，鼓励城镇幼儿园增设早餐服务，家长急难愁盼问题得到有效解决。

二是网上报名一网通办。在义务教育学校实行入学网上报名的基础上，2022 年依托县大数据中心开发了“幼儿园入园网上报名系统”，融合户籍、住房等信息，在全省率先实现了幼儿园、中小学入学（园）报名“一网通办”。

三是构建家校社协同育人机制。完善家庭教育服务指导体系，构建起集中学习、个体指导、家校多向互动相结合的教育新模式，帮助家长树立正确的教育观念。中小学、幼儿园家长委员会、家长学校，组建率和家庭教育指导覆盖率均达 100%。

四是完善心理健康服务救助机制。积极推进心理健康教育制度、课程、阵地、队伍和机制建设，以“阳光暖万家、热线伴成长”为宗旨，成立了教育系统阳光心理志愿服务队，每周六、周日都有志愿者值班免费服务，助推孩子健康成长。

**张小林**

甘肃省临夏回族自治州教育局党组书记、局长

# 浅谈民族地区教育如何高质量发展

我是来自甘肃省临夏回族自治州教育局的张小林。向大家介绍我们民族地区教育高质量发展的情况。

临夏回族自治州位于黄河上游、甘肃省中部西南，是全国两个回族自治州和甘肃两个少数民族自治州之一，总面积 8169 平方千米，辖 1 市、7 县，户籍人口 244.85 万，常住人口 212.41 万，有回、汉、东乡、保安、撒拉等 42 个民族。

党的十八大以来，在甘肃省教育厅和相关部门的精心指导下，在州委、州政府的正确领导下，全州教育系统坚持以习近平新时代中国特色社会主义思想为指导，深入学习贯彻党的二十大精神及习近平总书记关于教育的重要论述，全面贯彻党的教育方针，按照州委、州政府提出的振兴临夏教育的目标和一切利益为教育事业发展让路的要求，下功夫抓基础、建队伍、引人才、强保障，教育基础不断夯实、教育改革不断深化、教育队伍不断壮大、教育质量不断提升，走出了一条民族地区高质量发展的新路子。

## 一、党委政府高度重视，促进地方教育高质量发展

近年来，临夏州委、州政府把教育事业发展作为增进民生福祉的重中之重，全方位、系统化研究推动落实，成立了中共临夏州委教育工作领导小组，从机构、组织、制度上健全完善教育领导体制，从事关临夏长远发展的全局高度和人才支撑体系建设谋划推进，从政策、资金、人员、项目等方面给予了大力倾斜支持，实施了教育扶贫巩固提升、学前教育普惠优质、义务教育优质均衡等“十大行动”，全州上下形成了“州委统一领导、党政齐抓共管、部门各司其职”的教育工作新格局。

截至2022年底，全州现有各级各类学校2495所，较2012年增加1127所；在校学生526054人（其中在园幼儿115255人，小学生257067人，初中生96212人，高中生43713人，中职生7146人，特校学生238人，高职学生6423人），较2012年增加170228人；教职工36200人（其中专任教师32147人），较2012年增加14669人。学前三年毛入园率95.92%，较2012年增加59.22%，九年义务教育巩固率98%，较2012年增加27.8%，高中阶段毛入学率86.08%，较2012年增加39.98%。

## 二、加大学校标准化建设，促进教育优质均衡发展

近年来，我们稳妥推进学校布局优化调整，持续加大教育基础设施投入，积极引进州内外教育先进资源，大力改善校园硬件设施，集中力量办好群众关心的实事，全面实施了一批群众所需所盼的民生实事项目，全州中小学办学条件发生了翻天覆地的变化。

2022年9月，占地面积200多亩的河州中学建成揭牌，这对于进一步扩大

临夏州高中阶段办学规模、更好满足学生上好学的需求、推动教育高质量发展具有重要意义。不仅硬件一流，河州中学还通过全面引进移植北京实验学校（海淀）管理团队、教师队伍、治理体系、课程构建、校园文化等先进理念和模式，让软实力得到保障。在积石山县中咀岭小学，通过互联网设备，学生每周都可以与远在上海的学生一起进行同步音乐、美术课学习；在康乐县温家河希望小学，机器人教室里学生通过学习编程，设计操控不同机器人和工程车；在和政县松鸣镇，占地550亩融合科普教育、劳动教育、研学旅行、旅游观光、国防军训、运动健身等内容，运用虚拟现实、数字孪生、机械仿真、人机交互、数字模型等高新技术的松鸣岩中国式现代化学生劳动实践综合基地各场馆正在有序建成并投入使用中。

从砖瓦房、土操场到高标准教学楼、塑胶操场；从一块黑板、一支粉笔，到现代化的多媒体教学设备；从以往的“重智育”，转变为“五育并举”培养学生德、智、体、美、劳全面发展，无一离不开党对教育工作的全面领导，离不开政府对改善民族地区办学条件、整体提升办学水平的坚定决心。10年来，临夏州累计投入资金121亿元，对2490多所学校进行了新建、改扩建，学校办学条件全面改善，城乡教育硬件建设差距明显缩小，新增学位17万个，困扰多年的“入学难、大班额”等问题迎刃而解。永靖县黄河中学、永靖县三峡中学、东乡中学、和政县宁河高级中学、康乐县蓝川中学建成投入使用。临夏州教育园区、永靖县移民中学综合楼等项目正在抓紧建设中，投资7.5亿元、占地251亩、办学规模5000人的临夏州职业技术学校，投资3亿元、办学规模2000人的临夏国强职业技术学校，投资5.8亿元、占地150亩的临夏现代职业学院分校区（文旅学院）已投入使用。实施“一园一港一基地”项目，建设永靖县产教融合示范园、产教融合创新港、甘肃省教育考试院命题基地，每个县城布局形成2所高中、4所初中以上和若干小学等各类学校齐全的教育园区，临夏市打造重教兴学、理念先进的宜学之城。目前，我州已初步建成体系完善、功能齐全的教育体系，为民族地区教育高质量发展奠定了坚实的基础。

## 三、优化师资队伍结构，不断夯实教育发展根基

近年来，我们实施“师资力量提升工程”“师资力量持续增强行动”，以前所未有的力度引进校长队伍、争取编制缺口、补充教师总量、优化教师结构、提升工资待遇，教师队伍呈现出蓬勃发展的喜人局面，为全州教育事业高质量发展注入源源不断的内生动力。2022 年针对全州教师编制紧缺的实际，我们通过多方争取和努力，甘肃省一次性下达中小学教职工周转编制 6187 名，确保了各类中小学校发展的用编需求。先后聘请了临夏现代职业学院、临夏中学、临夏回民中学等学校校（院）长，引入了北京实验学校、西北师范大学附属中学等名校资源，借助东西部协作教育帮扶、国家乡村振兴重点帮扶县教育人才“组团式”帮扶、部属高校县中托管帮扶等机遇，开展“组团式”教育帮扶，采取“校长+骨干”团队支教、跟岗研修相结合方式，将先进教育教学理念和优秀管理经验全方位植入临夏教育全过程，实现教育人才从“参与式”到“植入式”转变，推动教育事业高质量发展。通过国培、省培、州培、东西协作帮扶培训等渠道，累计培训教师 20. 05 万人次。2023 年暑假对全州 1035 名中小学校长进行集中封闭培训。通过人才引进、事业单位招聘等渠道，累计招聘学科教师 1 万多名。通过三区支教、轮岗交流、调整配备等措施，累计向乡村学校选派教师 5000 多名。全面落实乡村教师生活补助、班主任津贴、乡村从教 20 年以上评聘中级职称和从教 30 年以上评聘高级职称不受指标限制等优惠政策的落实，最大限度调动教师的工作积极性和教学热情。持续加强师德师风，把师德师风作为教师聘任、奖惩、培训、职称评聘、职务晋升、绩效考核的重要依据。创新开展名校长、名班主任、名师“三名人才”工程，认真实施教育部“基础教育精品课”遴选、班主任思政课教师基本功展示、作业设计大赛等系

列活动，通过全方位、多层次的培训，学校管理规范化、教师队伍专业化“两个水平”显著提升，名师名校引领作用和带动效应逐步显现，高素质专业化创新型师资队伍逐渐成形，为临夏州教育高质量发展夯实根基。

## 四、教研督导双轮驱动，促进教学质量逐年提升

近年来，我们重视和加强教育教学研究，制定印发《临夏州加强和改进新时代基础教育教研工作的实施方案》《学科监测方案》，推动全州基础教育内涵提质、优质均衡和科学发展。召开临夏州初中、高中教学质量分析研讨会，全面分析中高考和初高中教育质量情况，研讨提升教育质量的措施办法，进一步提升全州初高中办学质量。召开学段衔接会议，推进分段施教向贯通式转变。举办全州幼儿园、中小学 18 个学科的教师教学技能大赛及观摩研讨活动，指导带动各县（市）开展校级和县级教师优质课竞赛活动，通过评比竞赛观摩活动营造比学赶超的良好风气。积极开展“课题申报立项”“课题研究中期评估、成果鉴定”等方面的辅导专题讲座，对基层学校教师在课题立项、结题鉴定等方面进行培训指导。组织全州中小学教师对新版义务教育课程方案和课程标准进行集中培训，利用国家中小学智慧教育平台开展暑期专题研修活动，更好地让广大教师深刻理解和把握学科培养的核心素养，促进教师自主学习和专业发展，达到以赛促教、以学促教的目的。制定教育督导和督学工作经费指导意见和管理办法，畅通督学进出渠道，促进督学专业成长，全面发挥督导效能。深入开展教研督导“四研一展示”活动，充分把教研四研（研究课程方案、研究课程标准、研究课本教材、研究课堂教学）和督导四研（研究政策、研究标准、研究策略、研究评价）有机融合，探索建立教研督导融合推动体系，发挥教研探究、深化、引领、提升和督导规范、落实、评估、达标作用。全州高考本科一批上线人数从 2020 年的 783 人，达到了 2023 年的 1938 人，本科二批及

以上上线人数从2020年的4024人，达到了2023年的5475人。2023年“C9”院校录取24人、比上一年增长60%，“双一流”院校录取526人、比上一年增长28.9%。

## 五、深化教育综合改革，努力办好人民满意的教育

我们紧盯省教育厅创建基础教育优质均衡发展示范区机遇，始终把推进义务教育优质均衡发展作为义务教育改革发展的重中之重，不断完善政策保障体系，优化资源配置，努力满足人民群众从“有学上”到“上好学”的美好期盼。8县市顺利通过义务教育基本均衡国家认定，永靖县作为甘肃省义务教育优质均衡先行县，正在积极创建中，永靖县移民中学成功创建全省17所卓越学校之一，城乡教育一体化发展的各项措施落地见效，山区孩子上学远、上学难的问题得到很好解决。

我们以提升学生核心素养为指向，落实立德树人根本任务，坚持“五育”融合，强化科学的教育质量观，构建德、智、体、美、劳全面发展的育人体系，创新开展“千校万生学党史、感党恩、明志向”“千校万生走基层、数家珍、看变化、爱家乡”“游家乡知家乡爱临夏”等活动，组织师生走进红色教育基地、州县博物馆、田间地头、工厂车间，开展缅怀英烈、参观研学、劳动体验，在全州700多所学校、30多万师生中推行“千字文”武术操，组织开展冰雪运动进校园、校园足球和篮球联赛。加强“五项管理”，持续打好“双减”政策落实战，推动各义务教育阶段学校统筹利用科普、文化、体育等方面社会资源，增强课后服务吸引力有效性，满足学生多样化学习需求。积极创建“书香校园、文明校园、绿色校园、智慧校园、平安校园”，扎实推进中小学思政课一体化建设，引导学生厚植爱党爱国情怀，坚定理想信念，扣好“人生第一粒扣子”，扎实开展青少年学生读书行动、心理健康促进行动，培养学生探索性、创新性

思维品质，让更多孩子享受到教育事业高质量发展的红利，拥有更多出彩的机会。

我们大力实施学前教育普及普惠，不断扩增优质学前教育资源总量。聚焦资源配置、教育保障、教学质量、社会认可度等方面，集中力量办好义务教育，加大对农村地区各类资源统筹调配力度，推进义务教育优质均衡发展。加强普通高中课程体系建设，丰富学校选修课程、培育学校优势学科、主攻特色培育方向，开展日语、俄语等外语特色教学，推动学校由分层发展转向分类发展。优化职业教育布局结构、专业设置，推进职普融通、产教融合、科教融汇。实施职业教育集团化办学和职业学校办学条件达标工程，提升职业教育办学能力和质量。在普通高中开办中职实验班、中职学校开设普通高中实验班，促进职普教育双驱发展。推进特殊教育拓展融合提升，逐步推行十五年一贯制办学模式，提高吸纳能力，应纳尽纳普惠发展。全州教育事业从“有园上”到“上好园"，从“有学上”到“上好学”，实现了学前教育由小到大、义务教育由弱到强、高中教育稳中有进、职业教育逐步完善、特殊教育从无到优的良好态势。

成绩已成过去，未来任重道远。今天，我把全州教育工作取得的一点成绩向全国的各位专家进行了陈述，对比省内外发达地区，工作上还有很多差距和不足，努力的地方还很多。站在崭新的起点上，面对新形势、新要求，我们将以习近平新时代中国特色社会主义思想为指导，按照教育部提出的“奋力建设高质量教育体系、加快推进教育现代化、建设教育强国、办好人民满意的教育”的战略要求，学习借鉴地方教育治理论坛上的好经验、好做法，以此次论坛会议为新契机，采取“12345”（围绕“一个”目标、兜好“两个”底线、做到“三个”保障、提升“四种”能力、构建“五个”体系）的工作举措，全面优化教育布局，扩大优质资源，深化教育改革，提升办学水平，奋力开启民族地区教育高质量发展的崭新篇章。

**明建平**

天津市和平区教育局党委书记、局长

# 评价改革驱动发展，智慧教育奠基未来

大家好！很荣幸第二次受邀参加论坛。

质量是教育的生命线，教育评价是教育的风向标，是全面深化教育改革的重要引擎，是引领教育高质量发展的关键所在。和平区以“智慧教育奠基未来”教育核心理念引领教育评价，围绕干部管理、队伍建设、学校办学、教师育人、学生发展、教育督导6大维度，形成教育评价的问题清单、任务清单，出台并实施40余项改革文件，逐步形成“评价—反馈—改进—提升”的良性循环。下面，我从学生评价、教师评价、学校评价三个层面，分享和平区对于教育评价改革的思考和实践。

## 一、人的回归是教育评价的本质

教育者眼中要有“人”，教书育人是学校特有的使命，也是学校的本质。在建设教育强国的时代背景下，培养什么样的人，未来对人才素养的要求是什么，人工智能对人才培养的挑战是什么，这些问题反映在教育层面，集中体现在学生的成长和评价上。

一是实施综合素质评价。“唯分数”的教育质量观、评价观背离“人的全面发展”目标，综合素质评价这项工作大家都在做，但很多都流于形式，没有真评真用。评价即育人，坚持用“多把尺子”评价，为学生赋能增值。分学段系统设计学校体、美、劳教育，研制综合评价指标，在自评、互评、师评基础上，融入家长评价和社会评价，全面把握学生个性特点。研制《优质高中招生指标推荐工作实施办法》，在做好初中学生综合素质评价的基础上，按照五个维度设定基本要求和加分项，推荐指标的使用率不断提高。

二是创新评价方式。融合信息技术，通过学生行为数据伴随式采集，深入开展学生综合素质评价，和平区获评教育部信息技术支撑学生综合素质评价试点区。我们对多维度采集的教育管理业务数据和教育教学过程数据进行整理、分析、挖掘，发现问题点、突破点和增值点，实现了业务协同、流程优化、结构重塑和精准管理，有效提升了教育管理和教育决策水平。

三是实施区域学业质量监测。研制《义务教育学业质量监测实施方案》，聚焦学科核心素养，开展学生学业质量和相关影响因素的监测，重点监测学生德、智、体、美、劳教育质量状况，同时考查学习动力、学业负担、教学方式、师生关系、家庭环境等影响因素，突出考查学生综合运用知识能力和解决问题能力，全面客观刻画学生学业成就表现特征及影响因素。

## 二、教书育人是教育评价的着力点

怎样评价可以促进教师潜心育人？怎样评价可以促进教师专业发展？对教师的评价、对课堂的评价，不仅关注知识传授、考试成绩，更重要的是培养身心健康、品德高尚、具有创新能力、适应未来社会的人才。

一是提升铸魂育人实效。我们积极推进“大思政课”建设，健全思政课评价制度。组织“思政课教师年度人物”评选并开展巡讲。思政课与课程思政相辅相成，将立德树人融入思想道德教育、文化知识教育、社会实践活动全过程各环节，依托红色资源、实践基地，充分发挥场馆课程、志愿服务、综合实践等育人功能。

二是形成教学评一体化。教育评价改革是教育文化的价值回归，是让教育回归育人规律，让教学回归学科教学规律，让教师回归教书育人本职。我们研制常态课教学、作业设计和校本教研等系列评价标准，鼓励表现性评价等新型评价方式融入课堂教学，开展常态课质量提升行动，形成作业管理、作业设计案例。印发《课后服务管理水平综合评价实施方案》，实现区域课后服务从“有”转“优”。

三是强化教科研支撑。教研员是教师之师，我们通过研制《教研员专业标准》《教科研工作考核评估细则》，建立教研员跨校交流机制，选派优秀教研员深入学校挂职任教、蹲点教研，通过“教学基地实践+项目课题研究”“学习内化提升+转化应用推广”，带动全体教师专业成长。今年暑期，我们围绕教科研工作举办领导干部培训班，相关经验在全国基础教育教研工作会议上进行了交流分享。

### 三、学校自主发展是评价改革的“最后一公里”

教育评价是教育价值观的转向和思维方式的转型，是教育综合改革最艰难的一环。评价改革的成效体现在教育治理中，就是提升学校自主发展的能力。

一是优化队伍管理。研制出台《优秀年轻干部培养选用规划》《中小学校中层干部管理办法》《党政领导干部交流工作办法》，坚持人岗相适，在评价基础上把好干部选出来、带起来，学校内设机构和管理岗位可以自主设定，推动干部跨部门、跨单位交流任职。教育、人社、编委办等部门，联合研制人员编制的区域标准及动态调整办法，实现编制、岗位、职称三统筹。推进“区管校聘”改革，建立能上能下的岗位聘任机制。出台《和平区各学科教师标准课时量规定》，按学段、分学科明确周课时标准、工作量折算、兼课要求。研制《关于进一步做好教育系统各单位绩效分配的指导意见》，形成激励机制。

二是激发办学活力。出台《义务教育学校、普通高中学校教学管理水平综合评价实施方案》，组织全覆盖综合评价，推广典型案例。研制各学段办学质量评价指导意见，先行印发《幼儿园办园质量评价指导意见》，编制《保育教育质量自评指导手册》及配套评估表，各幼儿园逐步建立起常态化自我评估机制。印发《督导体制机制改革落实举措》，形成“行政科室+区域督学+业务部门”的教育质量督导评价合力。

三是健全协同育人机制。我们构建“一三三四”校家社协同共育“和平模式”，组织“家校共育示范校”评选，组织优秀家长学校汇报展示，常态化开展“讲暖心家访故事大赛”“班主任技能大赛”等，学校联合开展家庭教育研讨会、一体化备课等活动。家庭教育工作经验多次在全国进行分享。

教育评价改革是教育强国建设的“牛鼻子”，是多元的、复杂的、立体的！让我们怀着对真理的谦卑、对生命的敬畏、对未来的责任，在教育评价改革的道路上逐本溯源，勇毅前行！

**章　斌**

安徽省芜湖市湾沚区教育局党委书记、局长

# 聚集职教优势，赋能高质量发展

芜湖市湾沚区历史悠久，古称鸠兹，总面积 650 平方千米，人口 35 万，现辖湾沚、六郎、陶辛、红杨、花桥 5 个镇，被誉为“五朵金花”。湾沚区始终坚持“大办教育、办大教育”理念，以务实的举措、优质的服务，吸引、集聚了一批优质职业教育学校，2021 年职业教育荣获省政府奖励表彰。

## 一、聚焦体系建设，在优化布局上实现新突破

深入落实职业教育改革发展、赋能现代化美好安徽建设的总体布局，着力构建“本科—高职—中职”一体化发展的现代职业教育体系，其中应用型本科 1 所、技工类院校 2 所、中职学校 5 所，在校生约 3 万人，已形成以智能制造为引领的先进制造业特色专业群、以商贸服务和教育为主体的现代服务特色专业群、以航空产业为支撑的航空特色专业群、以满足健康养老养生新业态需求的中医药健康服务特色专业群。2024 年将再新增 2 所高职专科学校，分别是芜湖航空职业学院、芜湖医药健康职业学院，“十四五”期间，将呈现 1 所应用型本科+2 所高职专科学校+5 所中职学校+2 所技工院校的“1+2+5+2”职业教育新

格局，预计在校生规模将达到5万人。

学校积极参与1+X证书制度、智慧校园建设等教育部试点。2所学校（芜湖医药卫生学校、芜湖汽车工程学校）承接教育部职业教育提质培优行动计划任务118个。2所学校（芜湖医药卫生学校、芜湖汽车工程学校）承担省职业教育创新发展试验区项目21个。学校获得国家级荣誉10余项、省级荣誉20余项；师生申请专利4336件，其中发明专利2218件，占比51%，获得专利授权1904件；学生学科竞赛获得省级以上奖约4000项，其中国家级约400项，现有省级综合改革试点高校1所（安徽信息工程学院），国家中职改革示范校1所（芜湖技师学院）、省中等职业教育质量提升工程省级示范特色学校2所（芜湖医药卫生学校、芜湖汽车工程学校），市级优质中职学校2所（芜湖医药卫生学校、芜湖京师职业学校），芜湖医药卫生学校荣获安徽省第二批校企合作示范学校。

## 二、聚焦产业布局，在产教融合上取得新进展

借鉴长三角先进理念，将产教融合列入地方经济社会发展规划，积极融入“一新一轻一重”三大支柱产业布局，研究出台促进民办教育发展的意见、鼓励和促进高等教育发展的若干政策、产学研创18条、校企合作促进办法等政策措施，从实习就业、安居乐业、创新创业、校企合作、重点人才等方面给予全方位政策支持，助推各类职业学校快速发展，3所学校（芜湖汽车工程学校、芜湖医药卫生学校、芜湖中华艺术学校）成为芜湖职教联盟成员单位，1所学校（芜湖中华艺术学校）成为文化艺术专业群产教融合协作委员会牵头单位，实现职业教育与产业发展共进互赢。

## 三、聚焦人才培养，在校企合作上塑造新动能

为提升专业与产业的匹配度，开设大健康、文化创意、跨境电商、航空服务、飞机维修等35个专业，毕业生就业率达95%以上，吸引更多学生报考，芜湖医药卫生学校今年招生3500人，其中江浙沪1200人，占比34.3%。学校与90多家企业签订校企合作协议，每年为企业订单式培养人才1500余人，对校企合作成绩显著企业实行“金融+财政+土地+信用”的组合式激励，有力助推产业转型升级。立足芜湖航空主导产业，引进芜湖航空职业学院。

## 四、聚焦城乡共富，在服务社会上开辟新路径

为建设高水平职业院校和专业，将学校人才引进纳入“紫云英”“津梧桐”人才计划，促进创新创业；与安徽信息工程学院共建创新创业学院，打造“双创”载体，培育企业和项目163个，注册企业53家；芜湖技师学院是全省唯一的国家级技工院校工学一体化教师培训基地，入选首批安徽工匠学院，近三年获得全国及省级技能大赛大奖180余人次。职业教育的高质量发展，吸引了越来越多的职业院校毕业生选择留在湾沚、扎根芜湖。积极开展社会培训服务和社会技术服务，年培训人数近2万，助力乡村共富。强化校地合作，芜湖中华艺术学校与六郎镇合作共建殷港艺创小镇，被评为全国特色小镇50强；与花桥镇合作共建鸠兹湾艺创共富乡村，并承办2023年中国农民丰收节主场活动。

聚集职教优势，赋能湾沚区高质量发展。近年来，湾沚区荣获中国创新百强县（区）、国家首批通航产业综合示范区、国家级创新创业升级试点开发区等数十项国家级荣誉。

习近平总书记指出，职业教育前途广阔、大有可为。当前，湾沚区以习近

平新时代中国特色社会主义思想为指导，全面贯彻落实党的二十大精神，坚持“一张蓝图绘到底、一任接着一任干”，以职业教育赋能区域发展，助力安徽高质量发展样板区、城乡融合共同富裕示范区建设，努力谱写中国式现代化锦绣湾沚新篇章！

**完利梅**

江苏省常州市政协副主席、市教育局局长

# 构建“常享劳动”育人体系，打造“常有优学”城市名片

让孩子有前行的勇气、有幸福的底气，始终是一方教育的使命与坚守。远离学生发展的教育治理是没有“教育味”和“人情味”的。推进地方教育治理，必须坚持以学生为中心、服务学生发展、成就学生未来。基于这样的认识，我想从常州推进劳动教育的角度来谈谈这个话题。

## 一、锚定顶层设计“圆心”

在劳动教育纳入国民教育体系的时代背景下，劳动教育如何在常州落地生根、开花结果是我们一直思考的问题。

一是坚持理念贴心。从马克思主义劳动观以及人的全面发展理论来看，劳动教育的根本价值在于促进人的自由全面发展。因此，我们始终坚持学生中心观，始终坚持学生是劳动教育的实践主体，始终注重培养学生完整的人格魅力，提出了“给孩子一个完整的劳动经历”的教育理念，并引领构建全市域一体化“常享劳动”育人体系。

二是坚持内涵贴身。新时代劳动教育的中心任务是助力中国式教育现代化，本质底色是强调教育与劳动相结合，核心目标是完善国民教育体系建设，价值追求是促进学生素质全面发展。我们着力构建的“常享劳动”育人体系内涵是贴合常州本土、学生本身的，是以落实国家要求为要、以利用本地资源为主、以培育综合素养为本，发展生命个体、点亮生命本色，让每一个在常州的孩子“常有劳动习惯、常练劳动本领、常怀劳动自觉、常享劳动快乐、常尚劳动光荣”，具有常态化、地域化、特色化、全程化的劳动教育范式。

三是坚持目标贴切。根据不同学段类型学生在认知、行为和心理等方面的差异，我们确立了“常享劳动”育人体系递进式目标任务。小学阶段侧重培养学生热爱劳动的意识，引导学生掌握家庭中清洁、整理的基本技能，组织学生参加校园卫生和环境美化等劳动，积极参加社区环保等力所能及的公益劳动，初步形成社会责任感；初中阶段侧重增强学生的劳动能力，用项目化劳动联结学生已有的生活经验，用高阶任务调动学生学习兴趣；高中阶段侧重提升学生的劳动素养，联结多学科知识，采用科学的研究方法，聚焦问题解决进行深层次探究，注重培养学生创意物化能力和精益求精的品质。

四是坚持路径贴地。劳动教育如何在常州贴地而行？我们的路径探索是五个方向：政策引路——依托政府力量出台指导性意见、规范性文件、保障性政策，强化劳动教育顶层设计，形成全市推进劳动教育的“施工图”；课程引领——统筹利用本地资源优势，探索构建“学校+基地+家庭”一体化、互动式劳动教育课程体系，形成全市推进劳动教育的“藏宝图”；实践引导——根植学校日常性、常态化劳动，建立分类型分学段劳动教育清单，推行主动式、沉浸式、融合式劳动实践体验，形成全市推进劳动教育的“实景图”；评价引航——探索指向发展学生综合素质、基于培育劳动关键素养、融合数字技术的全维度劳动教育激励体系，形成全市推进劳动教育的“导航图”；综合引力——构建行政推动、教研牵动、学校行动、基地互动、家庭主动的“五力联动”推进模式，形成全市聚力推进劳动教育的“奋进图”。

## 二、延伸课程体系“半径”

在锚定“给孩子一个完整的劳动经历”作为劳动教育课程体系“圆心”的基础上，我们坚持“融合育人”，聚合“学校+基地+家庭”多方力量，延伸课程体系“半径”。

一是完善学校体验课程。全市所有学校开齐开足开好劳动课，高质量实施国家劳动课程，研编基于课标的市域劳动教学指南，围绕课标“三类劳动十大任务群”进行十二年一贯制课程设计。指导各中小学积极编制学校劳动课程任务单，合理安排劳动项目，85%以上学校开辟劳动课程实践场地，设立劳动志愿岗、体验岗，形成“一校一品”劳动教育特色。

二是丰富基地实践课程。近年来，我们统筹467个学生社会实践基地，盘点筛选、去粗取精，形成全市“一体四翼”劳动实践基地布局。“一体”即市青少年活动中心，“四翼”即“生态农业体验类”“工业制造实践类”“地方文化传承类”“未来职业探索类”四种劳动实践基地类型。采用“学校+基地”共建模式，156所领衔校牵手150个劳动基地共同研发课程，研编基地实践课程方案、学校组织实施指导手册、学生实践体验指导手册等。目前，全市已形成太湖湾教育大营地“慧创”课程等100个劳动精品课程群。

三是研发家庭生活课程。研发并实施全市中小学“家庭劳动清单”，确定14类100多项家庭劳动项目，制定《家庭劳动教育行动指南》，规定家务劳动时长、达成目标、考核标准，根据学段特点为家庭生活课程的实施提供建议和操作指南，以丰富有效的家庭生活课程打通了劳动教育的最后一公里。

## 三、用好方式变革“圆规”

资源研发的目的是为了更好地利用资源。多年来，我们坚持“扫一屋”与

“扫天下”并举，在强化学生日常劳动的基础上，积极探索劳动教育的方式变革，推进主动式、沉浸式、融合式教学。

一是学校主动式学习。依托课标实验研究项目，基于学生的认知发展规律和身心特征，凝练出“做—研—创”的劳动教学新样态。小学阶段侧重“动手+动脑”的体验式劳动，初中阶段侧重“做中学+学中研”的项目化劳动，高中阶段侧重“多学科参与+深层次探究”的创造性劳动，从而实现劳动教育目标的进阶性、劳动内容的合理性、劳动强度的科学性、劳动品质的迁移性、劳动情感的持久性。

二是基地沉浸式学习。依托基地课程资源，全市中小学生每学期走进基地，进行不同类型、不同主题的劳动学习。如，在佳农生态园开展农业生产劳动学习，在中车机车产业园开展工业生产劳动学习，在常州博物馆开展服务性劳动学习，在青少年活动中心开展技术体验学习，在非遗文化馆开展传统工艺制作学习……将知识与实践、动手与动脑、探究与分享相结合，引领学生在沉浸式学习中建构劳动知识、练就劳动技能、培育劳动精神。

三是社会融合式学习。与家庭教育融合，鼓励家长树立崇尚劳动的家风，通过家庭成员之间的劳动态度、劳动习惯的相互影响，让孩子养成从小热爱劳动的习惯；与红色教育融合，利用常州“三杰”等红色资源，侧重培养学生的劳动精神；与食育改革融合，打造食育“五个一”行动，把食育融入青少年文化知识、思想道德和劳动实践；与职业体验融合，依托科研院所、高职院校、高新企业，设计分学段职业体验课程，打造“劳动教育+”的职业体验课堂；与科技创新融合，以 14 个科技俱乐部为载体，开设科技创新类特色课程，因地因校实施劳动科技教育。

## 四、把准素养评价“标尺”

劳动教育评价是一把标尺，也是一根指挥棒。我们坚持素养导向的劳动评价观，变革劳动教育评价方式，为全市实施高质量劳动教育“把方向”“引航向”。

一是构建一个评价体系。从劳动观念、劳动能力、劳动习惯和品质、劳动精神四个关键要素整体构建小、初、高一体化学生劳动素养评价指标体系，并纳入学生综合素质评价内容。同时，将劳动教育统筹推进情况纳入地方政府履行教育职责督导内容，将劳动教育课程实施情况纳入学校绩效考核内容，将劳动教育课程群建设、服务保障水平纳入星级基地评估内容，将家庭养成教育纳入劳动教育促进条例，从而形成了基于学生中心、指向不同学段、贯通学业周期，联动政府、学校、基地、家庭的多元化立体式劳动教育评价体系。

二是搭建一个评价平台。采用“护照+平台+地图”多维评价方式，每年向全市中小学生发放《新时代社会实践成长护照》10 万多册，开发“享去·常州”劳动教育 APP 电子化评价平台，依托基地地图实现劳动实践活动打卡，目前使用范围覆盖全市中小学生 30 万人以上，占比达 53%。

三是组建一个监测机制。推行劳动教育过程监测与纪实评价模式，采用“学生+教师+家长+社区”等多元评价主体，通过劳动过程记录、劳动叙事日志、劳动行为观察、劳动作品展评等方式，对学生劳动素养进行形成性监测和总结性评价。

## 五、完善保障机制“网络”

保障是推动一切事业发展的根本动力。为保障劳动教育推进有成效、发展有特色，我们主要从以下四方面完善保障机制。

一是机制保障。采用“行政—教研—学校”三级联动方式，形成全员育人导师制、家校社育人协作制、校基课程共创制、多元经费筹措制、优质资源共享制、综合评价激励制等六大推进机制。

二是师资保障。建立了“1+1+1+N”劳动教师配备模式，每区有1位劳动教研员、每校有1位劳动专任教师、每家有1名家长志愿者、每行有N个能工巧匠等共同构成全市劳动教育师资库。

三是经费保障。各级政府采取多形式、多渠道筹措经费支持劳动教育。除基地自筹建设经费外，2015年市政府投入2.3亿元建设学生劳动教育实践中心，每年投入780万元运行经费；2019年起每年新设立100万元劳动教育专项经费，用于奖励示范基地和示范校；2020年，武进区政府投入1.3亿元建成太湖湾教育大营地，以政府购买服务的方式每年投入1500万元保障基地运行；2023年，市长专项补助资金300万元奖励全市劳动教育创新实验项目。

四是法治保障。2023年10月1日，全国首部劳动教育地方性法规《常州市劳动教育促进条例》正式实施，该《条例》涵盖家庭培育、学校主导、社会支持、保障监督、法律责任等内容，其中明确每年五月为“常州市劳动教育月”，对于实现劳动教育法治化、系统化和科学化具有重要意义。

近年来，常州先后成为全国首批全省唯一中小学劳动教育实验区、全国唯一劳动教育与综合实践活动课程标准实验区，劳动教育成果获评国家级教学成果奖一等奖，常州太湖湾教育大营地获评国家级校外研学实践活动基地，劳动教育的特色做法、典型经验多次在全国大会上进行专题分享。但我们更关注的是“给孩子一个完整的劳动经历”，把孩子培养成为一个“完整的人”。据调查，常州93.39%的家长认为“孩子非常有必要参加劳动”，99.03%的家长愿意和孩子一起劳动，98.13%的家长会监督孩子完成家庭劳动作业，93.42%的家长愿意到学校或社区担任劳动教育志愿者。所有这些，是我们愿意看到的样子，也更是我们不懈追求的动力。我们将继续努力、接续奋斗，持续深化劳动教育改革创新，不断构建适切性“常享劳动”育人体系，积极打造地方教育治理“常有优学”样板，为培养全面发展的时代新人做出常州贡献。

谢谢大家！

**刘小红**

重庆高新区公共服务工委委员
教育事务中心副主任

# 西部科学城重庆高新区“新智慧教育”的构建与实践

大家好！非常荣幸能与大家一起共话区域教育治理、共谋教育发展大计。

2020年1月，习近平总书记在中央财经委员会第六次会议上专题部署成渝地区双城经济圈建设，强调两地合作共建西部科学城。重庆市委、市政府深入贯彻党中央决策部署，把双城经济圈建设作为市委“一号工程”和全市工作总抓手、总牵引，并明确以重庆高新区为战略平台，要求举全市之力、集全市之智，高标准高起点建设西部（重庆）科学城。高新区北部为大学城，集聚重庆大学、四川美术学院等28所知名高校，汇集一大批“国字号”院所、“央字头”企业。基础教育新建校多，新教师多；南部是农村待开发区，老学校多，老教师多，区域“城乡二元结构”特征明显，教育发展不均衡。

在南部一所百年乡镇农村小学——走马小学，有一位留守儿童叫高林，他喜欢画画，也很有天赋，但要在这所教师年龄老化、5年前甚至没有一位专职艺术教师的学校实现“画家梦”，几乎是天方夜谭。

近两年，走马小学新进了两位年轻的艺术老师刘南男、刘鹏，尽管他们渴望成长，渴盼为千年古镇、百年老校增添一份“青春活力”，但两个人的教研，让他们的教学精进之路力不从心！

作为肩负国家战略使命的西部科学城重庆高新区，党工委、管委会明确提出教育要成为科学城发展的第一金名片、第一软实力、第一营商环境！面对现实挑战，对标“数字中国、教育强国”要求，我们主动拥抱“数字浪潮”，确立了“科创高新，智慧教育”发展理念，构建了新智慧教育“1345”整体智治体系。

“1”是指明确“一大目标”，即打造以“西部教育高地引领区、教育创新发展先行区、全国智慧教育示范区”为内涵的“西部基础教育特区”；“3”是指推进“三化协同”，即“人的智慧化、技术的智能化、生态的协同化”；“4”是指构建“教、学、评、治”这四大支撑体系。“5”是推动新智慧教育走深走实的“五五策略”。

我们力求通过“1345”整体智治，全面推动区域教育高质量发展。下面，我重点围绕新智慧教育的“三化协同”汇报我区数字变革的主要做法。

## 一、聚焦“人的智慧化”，推动育人方式深刻变革

习近平总书记强调，“教育数字化是我国开辟教育发展新赛道和塑造教育发展新优势的重要突破口”。数字时代，教育何为？如果我们用过去的经验与方法，教今天的学生，学生怎么能适应未来，又怎么去开创未来？数字时代，我们必须全面推进育人方式的变革。

一是擘画数字教育“新蓝图”。我们围绕教育领域全方位、全过程、全员的数字实践，实施数字教育“十百千万”工程，出台《“新智慧教育”三年行动计划》和“1+5”配套文件，研发“五智”评价标准，营造“校校争创智慧学校”“人人争当智慧名师”“堂堂争创智慧优课”“生生争做智慧之星”的新智慧教育生长氛围。

二是构建数字研训“新生态”。全面实施干部教师数字素养提升工程，创

新开展“5+N”智慧教研（全区教师每年完成5个一的规定动作：即阅读一本数字专著，执教一堂智慧优课，展示一项数字技能，撰写一篇数字论文，参加一次数字论坛；N是自选动作），搭建教师“大学习、大培训、大练兵、大比武、大论坛”5大平台，连续3年高规格开展暑假教师全员全学科全学段数字素养专题培训，举办大讲堂、大论坛148场，培训干部教师3万余人次。近三年，教师参加市级以上优质课竞赛、基本功大赛获全国一等奖39人次、市级一等奖214人次。

三是创生智慧课堂“新范式”。我们探索出“一体+两翼”的“五学课堂”。“一体”是以“学为中心”，通过“问题引学、情境创学、活动互学、数字助学、评价优学”，构建起“素养导向”的智慧课堂。“两翼”是指“五度评教”和“五据评学”。“五学课堂”强调数字技术的贯通运用和全息融合，助力学生学习从规模化向个性化、精准化转变。高新区现已分学科学段形成“五学课堂”研究团队37个，打磨示范课3000余节，制作微课案例4000余个。2023年，在全国“精品课”评选中，经市教委遴选，高新区有59节被推送参评“部级精品课”，入选数量、入选率均居重庆市最前列。

## 二、聚焦“技术的智能化”，夯实数字教育全新基座

我们以数字平台、智慧课程等项目为抓手，按照“统一部署、分级实施、特色发展”思路建设数字教育新基建。

一是畅通数字跑道。围绕3个一，建成教育城域网，全覆盖实施光纤改造，试点“5G到校应用”。5所新建校创新开展“未来校园”国际设计公开招标，吸引全球近500家顶级设计单位参与，打造智慧校园的标杆校、示范校。老旧校整体实施信息化改造项目，实现数字校园“硬场景”100%全达标。7所学校被评为重庆市智慧校园建设示范校。

二是搭建数字平台。全面架构“1+4+N”智慧教育平台，建造全域共享、互联互通的数字教育云矩阵。探索学校办学质量考评全流程数字管理，开发数字督导平台，通过6大环节，实现“评价指标一键发布、加扣分事项一键呈现、评价报告一键生成”，学校发展评价形成闭环。

三是研创数字课程。与英国伦敦大学学院共同开展“学生安全与健康数字化资源开发与研究”项目；与教育部课程教材研究所、中科院重庆科学中心等高等级科研院所合作，创设科创“数字大课程”，推进校本课程体系建设、课后服务特色课程打造，建设机器人、无人机等科创实验中心8个，指导学校开设3D打印、创意编程等特色课程200余门。近三年，学生参加市级以上创新挑战等竞赛获一等奖235项，在第二届重庆市青少年创新挑战大赛中高新区斩获18个一等奖，占全市的50%。

### 三、聚焦“生态的协同化”，构建多跨协同教育体系

我们全力打造“人人皆学、处处能学、时时可学”的教育场景，用数字空间、数字治理构建多跨协同的教育体系。

一是拓宽数字学习空间。发挥重庆“大学城”就在“科学城”的地域优势，区内52所学校与成渝地区72所高校和科研院所联动，通过视频连线、在线教育、网络公开课等，打造“无边界校园”，实行“泛在课堂”；开展“百名教授进校园、万名学生进高校”“双进式教学”，实现中小学课堂开在场馆、开在实验室、开在大学校园，“科学城”与“大学城”“双向奔赴、共同精彩”。前面讲到的高林小朋友就在这样的“无边界校园”“双进式教学”中，他的学画之路变得天宽地阔，他的画作不仅走出了学校，更登上了重庆市外事画展的舞台，成为全世界认识“新重庆”的一扇窗户，他也收获了绘画人生中“第一块银牌”。

二是拓展数字应用边界。运用“赛马比拼”机制，激励老师用好“国家智慧教育云平台”，通过考核平台利用率、资源贡献度等，引导和卷入全体教师“人人用平台、人人上优课、月月晒数据”。同时链接全国名校优质资源，引入14类、52门在线名优课程。区内组建了9个“1+X”办学联盟体，运用“三个课堂”，形成“研学自主、研训自由、研修自选”教研常态，实现了同步资源、同步教研、同步教学，促进区域教育优质均衡发展。在此过程中，前面讲到的走马小学的刘南男、刘鹏老师按照公共服务局的统一安排，在智慧教育平台上开辟出一方属于自己的“数字成长空间”，他们“一日一功能探索、一周一网络互动、一月一众创教研、一期一创生课程、一年一孵化成果”，实现与全国名师、艺术大咖“实时连线”，“教”和“学”的同频跃进。2022年，在重庆市优质课大赛和基本功大赛中，他们先后斩获4项一等奖，实现了该校近40年来市级以上赛课获奖“零的突破”。

三是提升数字治理水平。充分利用公共服务局职能优势，通过城市大脑、政务平台归集的数据，推进教育治理与民生服务无缝衔接、全方位融合。平台已集成学籍管理、学生资助等28个子系统，生成基建维修、项目采购等多个数字治理模块，实现招生调档、控辍保学等多个一键式管理，全面提升教育现代管理水平，增强人民群众的幸福感、获得感。

各位领导、各位同仁，走马小学师生的成长是数字赋能高新教育的小小缩影。从“二人转的集体教研”到“和全国名师一起教研”，从“身处农村的个人学习”到“和全世界一起学习”，数字化让所有学校、所有教师、所有学生平等获取优质资源，精准获取个性资源，为师生跨越发展架起一座“成长之桥”。

三年多来，我们用超常规的投入、超常规的改革、超常规的保障，推动工作体系重构、业务流程再造、育人方式变革，实现了办学条件“从老旧破到高大上”、教育质量“从低水平到高质量”、教育样态“从旧风貌到新气象”的历史蝶变，“新智慧教育”建设经验在2023年全球智慧教育大会、第三届中国基础教育论坛和全国县域教育数字化工作研讨会上分享交流，《“新智慧教育”实践与探索》入选全国基础教育改革创新案例，相关做法被人民日报、新华社等主流媒体宣传报道100余次，区域教育满意度达99.27%。

各位领导、各位同仁，数字中国是国家战略，教育数字化转型是推动教育全局性变革的时代命题，也是现实难题。经济社会刚独立运行三年多的重庆高新区，虽然对数字变革引领教育高质量发展进行了一些有益探索，但尚处于起步阶段、正在赶考路上。诚挚期待各位领导、各位同仁的专业引领、携手同行！我们坚信：路虽远，行则将至；事虽难，做则必成！

**周建华**

人大附中联合学校总校常务副校长
人大附中航天城学校校长

# 教育评价给教师“龙凤”提供腾飞的平台

我经常听到大家提这样一个问题：周校长，能不能把给老师打分的表，给我们一份。这个话什么意思呢？就是今天的主题，我们怎么评价老师。我说，对不起。第一，完整打分表没有；第二，如果打分表给你的话，也不一定适用。我今天说的不是人大附中，而是2017年在北京航天城新办的一所人大附中航天城学校，这个学校有小学、初中和高中，目前有11个年级，学生有3300多人。我们秉承的发展理念有一条：育人先育师，强校先强师。其中教师评价贯穿始终。

传统的教师评价存在一些问题：首先是谁说了算，往往是领导说了算，说你行你就行，说你不行就不行；第二，过分重视结果评价，忽视过程评价；第三，注重成绩评价，忽视综合评价和差异评价；第四，注重奖惩，对于发展，特别是教师反馈比较少；第五，定量多，定性少。

现在对教师评价的认识，首先是评价的功能。教师评价的诊断性工作，中介性评价在评优、评职方面要引用。特别重视教师评价的发展性功能，更重视过程性评价，对老师的综合能力进行评价。更重要的是为老师更好地发展，能提供一些诊断性的意见和建议。而且这种意见和建议往往是个性化的，没有办法大面积进行的，这需要我们深入工作。

用五育并举的新质量观引领教师评价。我们不是不要分数，特别是新办的学校要分数。我们的分数不是通过校方来的，而是通过创新、改革、有效治理来提高分数。更重要的是考察老师在立德树人、促进学生成长上的贡献。

推动课程教学改革。目前高考评价体系的改革相对成熟，还有对价值观的考察，有 3 个一级指标、10 个二级指标，把本来内敛的东西变得可考核、可操作了。老师的教学设计是一个重要方向，我们现在十分重视作业命题改革，这是我们减负的一个重要手段。

高考命题有五大创新，平时的作业中就要落实。哪五大创新呢？内容创新、情景创新、设问方式创新、作业形式创新和评价标准创新。这五大创新才能真正聚焦核心素养，把核心素养变成长线工程，而不是一个贴标签的过程。

梳理尊重和信任教师的理念，着力为教师营造民主愉悦的工作氛围，确定通过评价促进教师发展的理念。

评价的方式比较多，主要是教师自我评价为主，其他评价为辅。另外在评价中，特别注重两个词。一个是“减负”，减去非教师教育教学的工作负担。我们学校很少开集体大会，但是教研组、备课组，甚至不同学科的老师组织的小会比较多。第二个是给老师“留白”，为老师个性发展提供留白，让他们有自己的方向。

下面讲讲我们怎么做。作为新学校，我们构建了学校培养老师的顶层设计，有两个环节：一个是选老师，一个是培养老师。选老师是三看：热爱教育、聪明和好人品，分别对应教育情怀、教育智慧和教育人格。目前学校博士占 10%，硕士占 60%，本科占 20%。刚办小学，招的小学骨干教师，中学老师教小学是搞不定的。有的小朋友上课哭了，中学老师不知道为什么，小学老师过去一看，是尿到裤子里了。

培养老师，我们有四个系统的搭建，还有八个实践系统，每个老师都会涉及这八个方面。

要评价教师，先引领。教师专业发展规划，大家都强调它的重要性。2022年疫情期间，我被封在家里，我有时间就琢磨老师的专业发展规划究竟是什么样，我查不到，就自己设计了一套体系。

第一个板块是老师的发展现状。找准自己的定位，我的优势是什么、不足是什么、挑战是什么、机遇是什么。

第二个板块是发展目标。有长期目标、中期目标、近期目标和2022年的目标。我觉得新学校15年目标就可以了。这是纵向发展目标。

第三个是发展目标。这是横向发展目标。比如成为北京市紫禁杯班主任，开发的课程、所带社团获得北京市的一等奖。还有教学比赛、其他比赛和论文，这个“其他”就是给老师留白的。比如我是个语文老师，之前是篮球队的，我可以带篮球队。我们把目标发给老师，各个老师提交，我用了一个星期的时间，给每一个老师赋分。赋分以后，再用SPSW统计。里面的相关性分析，我就不详细讲了。

我们得到的结论是：第一，教师的专业发展贡献最大的就是日常工作。第二，日常工作如果惯性运转是不行的，要使得日常工作对专业水平有比较大的贡献，有两点：第一点，每一个板块有清晰的任务；第二点，对照任务必须有清晰的目标，对照目标有结构化的任务。

我在区里做评委时发现有评优打分表，我把打分表引进到我们学校，对照打分表打分，比如今年81分，又过了一年，是95分还是70分，这跟老师切身利益相关。还有我把老师培养成骨干，哪些是长板，哪些是短板，长板怎么保持，短板怎么补起来。老师的发展目标，学校做引领、做接力，采用评优的体系打分，这样比较客观，而且明确了长短板，老师更有干劲。

老师的自我评价很重要，我又设计了一个“专业发展反思日”，引导老师自我评价、自我反思。反思日有五个问题，每一个老师根据自己的主观感受填写，我做了总体分析。

比如2021年让您最有成就感的事，将近60%是学生发展，其次是自身发展。最感动的人，50%是同事，20%是学生。同事间能互相感动，说明关系很和谐。对自己工作不满意的地方，教学工作是46%，自身性格是22%。

自身性格的数据出来以后，我比较吃惊。我刚刚讲热爱教育，我们选进来的都是聪明的老师，聪明的老师在大学作为研究生怎么样呢？要发表论文，一个星期不睡觉，要答辩了，两个星期不睡觉，拼一下就行。但是作为老师站在讲台上讲课，只要松一松，就有了雷，后面再怎么补，雷也还存在。所以中学是持续性努力，不能间歇性拼搏。

这些聪明的老师有很多是独生子女，之前自己读书，不高兴了给别的同学发个脾气，事情就过去了。但现在对学生不能发脾气，因为一发脾气，会引起连锁反应。对同事更不能发脾气。老师要增强服务意识，服务学生成长，跟同事之间的关系是组团促进学生成长。如果不做这个问卷，这个问题我意识不到。我们的博士大概占了10%，实际上这几年博士后有三四十人，但没有留下来。热爱教育、聪明、人品好，大家觉得博士后哪一条没有符合我们的要求呢？是聪明。我不是说所有的博士后不聪明，到我这儿的博士后，我碰到的都是不太聪明的，反应比较慢。

我就去做研究，为什么反应比较慢。他本科毕业找不到好工作，可能就是反应慢。读硕士出来找不到好工作读博士，读博士找不到工作读博士后，这时候岁数有点大，反应更慢。博士后肯定拥有很多知识和科研能力，但是他拥有的知识多少和聪明程度不能成正比。

这里具体讲几个老师的案例。

这个老师是清华大学陶瓷专业，他求职时是拎着个包来的，包上的花是用陶瓷烧的，这个作品获得了全国大奖。我们在选老师的时候，就是一种评价。他是通过考核进来的。看看他的课，这些孩子像艺术家一样在工作。

这是大强老师的杭州之旅。2021 年 7 月 17 日，他去杭州看的都是博物馆，回来以后申请了一个非遗课堂，让非遗进了课堂。去年北京又抗疫了 59 天，我正好走进他的屋里，问他今年抗疫学了点什么本事吗？因为我没看他发朋友圈。他说，用电脑画画。我一看，画得特别好。等他工作三年的时候，我说，把你获的奖给我列个表，今年暑假培训我要给老师们讲一讲，这就是我们的一个舆论导向。他列完以后我一看，三年获得了 91 个奖项。所以适应他的专业，发展特别快。

我们的学生蒸馒头、蒸包子、做米酒，做完以后，给孩子闻闻，特别香。男生调皮就想喝，老师说，不能喝。学生说，给我喝一点点。老师说，一点点也不行，如果坚持要喝的话，说明你对这块的知识还没有学通。我们买的酒为什么能喝，为什么做的酒不给你喝呢？买的酒出厂前有检验细菌的环节，而我们做酒时根本没有做无菌处理，这里面可能掺杂了其他细菌，所以不能喝。我们用最优秀的人才做老师，结果是不一样的。教科书不应该是学生的全部世界，应该让世界成为学生的教科书。

我们招老师进来要求四项全能，就是能当班主任、能上必修课、能开发选修课、能带社团。发现不了教师中的龙与凤，是能力问题；发现了，不让龙腾、不让凤飞，就是自己的问题。我们要做的就是提供一个腾飞的平台。

我们学校的老师能上能下，能内能外。能上能下是指有本事可以从小学一年级教到高三，再有本事，高三下来再进入五年级；能内能外是说能上中国课程，也能上国外引进的学术课程。四项全能，多劳多得，优劳优得。

# 乡村教育振兴论坛

**闫寒冰**

华东师范大学开放教育学院院长

# 数字化转型与高位教育公平实现路径

在数字化转型的浪潮中，我们正共同探讨如何培养学生的核心素养。这些素养包括通过学科学习逐步形成的价值观、品格和关键能力。教育公平的研究已经划分为三个阶段：低位公平，即均衡阶段，主要解决师资和资源不足的问题；中位公平，即优质阶段，提供多样化、充分性和选择性的资源；而高位教育公平则关注于培养核心素养，同时注重个体差异，以适应不同学生的学习需求。

我国已采取多种措施促进教育公平，如“三个课堂”和“双师课堂”等，这些措施在很大程度上依赖于技术的支持。教育数字化的价值在于解决高质量、大规模和可持续成本之间的矛盾。在没有技术的情况下，这些目标似乎是不可实现的，但技术的出现为这些目标的实现提供了可能。在教育数字化转型的过程中，我们应当重新审视并调整努力的方向和布局，以实现高位教育公平。以往的技术在知识技能的因材施教方面已有所突破，例如，通过学生多次练习来识别并强化他们在知识技能方面的薄弱环节。然而，这并非我们的终极目标。我们应当追求的是面向核心素养的因材施教。

首先，我们需要改革教育模式。美国的“能力工厂”公益组织通过信息化手段支持学校，显著提升了学生的学习成效。成功的教育模式应从学习进度、学习深度和学习阶段三个维度来衡量。学习进度应与年级水平相当或更高。学习深度应超越知识、理解和应用，达到评价和创造的层次。学习阶段应鼓励自主学习，而不仅仅是基于兴趣的参与。在实际教学中，学习深度和学习阶段往往是需要改进的领域，因为缺乏自主学习的学生难以实现评价和创造。教学模式的创新，如项目学习、跨学科主题学习和探究学习等，都是新课改中提倡的创新学习模式。实际上，深度学习应采用这些模式，而技术在不同的模式下都能为学生和教师提供支持。

接下来，我们来看教育评价的改革。评价是教育教学的杠杆。如果目标是培养能力素养，但评价方法仍然传统，这是不合适的。我们可以类比驾照考试的模式，科目一侧重于知识评价，科目二基于简化情境中的证据进行评价，科目三在简单情境中进行实践，而最终要在复杂情境中进行实践。面对不同的目标，应采用不同的评价方法。例如，面向知识技能的评价可以通过试卷问答和观察来完成，但面向能力的评估则需要更复杂的评价工具。技术如何支持这一变革？以杭州建兰中学的数据大脑为例，该系统经过六年的发展，已经能够对学生的能力进行评价，并进行个性化诊断。数据不仅包括作业和考试成绩，还包括学生的行为数据，从而形成学生画像。这种评价工具已经嵌入教学平台中，教师只需应用它就可以对学生的能力进行评价，形成画像。

在新课标中，教学、学习和评价是一体化的。大模型可以快速完成作业的设计改造。例如，原本简单的作业设计，在提出合适的问题后，可以转化为更复杂、情境化的问题。关键在于教师要善于提问。技术不仅支持教师利用平台进行学生能力评价，还可以支持个体进行作业的升级设计。

关于数字资源的建设，我国在公益性质的教育投入是非常好的，中小学智慧教育平台全面覆盖，提供了优质的课程资源。各地教育行政部门和教研机构也在强调利用国家平台进行教研活动。这些资源在教育质量较高的水平上提供了保障，教师可以利用这些资源进行备课和教学。关于数字资源支持学习更进一步的例子是山东历城二中，这所高中升学率很高，计算机教研室强大，学生在竞赛中表现优异。校长认为，如果只针对社团学生开展竞赛和创客活动，就太可惜了。因此，他提出要为所有学生开设相关课程，首先面临的问题就是师资不足。如果教师不断上课，就无法辅导竞赛，难以兼顾。最后，这所学校开发了一系列课程，并且做学—测—评一体化的精致开发，现在这类创客课程可以做到上课不需要教师授课，教师更多的是作为学习陪伴师出现在教学场所中。同时，在教室的屏幕上，有整个课程的学生学习进展图示，支持教师了解学习进展，及时进行个性干预。当然，通过这种普惠性质的学习，教师也可以通过数据来发现学生的差异，分析找到在特定领域和专业上有潜力的学生，对他们进行更为个性和深度的学习。这种技术变革基本上可以替代基础型教师的工作，它在历城二中取得了成功，而它的路径清晰、可行，也可以在更多的学科、更大的区域中迁移应用。

最后，我们来看雁阵效应。由于教师个体的差异，我们不可能期待所有教师都达到理想水准，那么什么办法可以快速地实现优质公平呢？雁阵效应是一个很好的管理方法，通过技术支持的智力资源灵活布局来实现，简单讲是 16 个字，即头雁精做、群雁共享、协同发展、事半功倍。

总结一下，我们会发现当前提到的若干案例，都是通过数智技术来帮助学校和教师在某种程度上破解了质量、规模和成本之间的矛盾。例如，大模型扮演了专家的角色，为教师提供个性化支持，实现高质量教学；建兰中学的数字大脑替代了专家进行建模，支持个性化诊断；历城二中的普惠创课替代了基础型教师。

最后，我想用这句话来结束报告：人类社会或将迎来新一轮变革的门槛，而数字化转型可能就是在这个门槛处，作为教师，我们要不忘初心，更要应时跟随！

**罗星凯**

广西师范大学教授

# 助力乡村少年科技逐梦

乡村教育多年来都是社会关注的热点，科学教育的热度如今也日益上升，把二者放在一起的乡村科学教育，自然是更热门的话题，也是极具挑战性的难题。2015 年，我国的北京、上海、江苏、广东四省（市）按照教育部的部署正式参加了经济合作与发展组织（OECD）的国际学生能力测试（PISA），其中科学测试成绩在参测的 72 个国家和经济体中排名第 10，但“将来期望进入科学相关行业从业的学生比例”只有 16. 8%，远低于美国的 38%和 OECD 国家的平均值 24. 5%。这一结果让我深感震惊和忧虑。因为我们曾是一个坚信“学好数理化，走遍天下都不怕”的国度。改革开放初期，通过国际交流了解到西方发达国家普遍存在学生逃离理工科的问题，对此我们最初多少有点事不关己的心态。没想到如今我们在这方面的问题相比之下竟然有过之而无不及！

1993 年，我们在桂林举办了中外物理教师学术交流会，日本一个名为“山猫学会”的教师组织成员在会上特别活跃，不仅带来了很多他们自己创制的有趣实验，引发了与会者极大的兴趣，而且他们在展示过程中表现出的超常热情令人惊讶。深入了解才知道那很大程度上就是为了应对学生对物理课缺乏兴趣、选择逃避理工科的危机，他们要用有趣、有用的科学教育和自身非凡的热情，点燃学生心底的热爱。为此挖空心思巧用生活中的物品作为实验器材，让孩子们感觉科学并不遥不可及、高不可攀，用智慧的方法变废为宝，让孩子们喜闻乐见，爱上物理学习。

作为一线的科学教育工作者，面对困难，这种表现令人敬佩，无论身体力行主动担当的情怀，还是解决一个个问题所需的创新能力和实践智慧，都深深地吸引了我们，也引起了我们极大的共鸣。因为作为工作生活在改革开放前后那个特别年代的学科教育工作者，我们和很多人一样都深受著名物理教育家朱正元先生“坛坛罐罐当仪器、拼拼凑凑做实验”理念的影响，从中所学到的不仅是开发低成本、高智慧和高教育价值物理实验的创新意识和方法，更是没有条件、创造条件也要追求学科实践育人本质的精神！因此即使当时我们并没有遇到他们那样的危机，但我们遇到那样的同行、看到那样的实验，仍然有如获至宝之感。为此，自然如饥似渴地学习并一直在寻求自己的创新创造。

例如，水火箭是当时交流中让我们印象最深、最感兴趣的项目。通过在塑料汽水瓶中注水和高压气体，当瓶塞被拔开或冲开后，高压下的水就会从瓶口高速喷出，瓶体则受到高速喷出水的反冲而开始加速上升，其原理与真实火箭发射完全一致。这样的项目，用在科技节上创造氛围，用作科学秀吸引眼球，绝对让人成就感满满！于是我们团队一些师生成了研制水火箭的发烧友，研发的水火箭从一级到多级，每次都能引来围观和惊呼，这无疑让自己越来越有成就感，也把一些学生培养成了发烧友。然而，作为科学教育工作者，我们也不得不思考另一个问题：在我们享受学生的欢呼自得其乐的时候，如果多数学生只是看客，而不能享受学科学用科学的成就感，整体的科学教育状况仍然会令人担忧。正是这种担忧，让我们不再只满足于研发好看的实验演示，而把目光更多地投向创造好玩的活动。比如水火箭发射，如果能成为一个人人想玩、能玩、爱玩的普惠性活动，那该多有意义？值得庆幸的是 2015 年我们终于成功研发出水火箭实时测高系统，不仅让大家各显神通做出的各种水火箭有了统一的竞高标准和准确实时测高工具，使对科技活动质量的评价像对体育运动水平的裁判一样进行成为可能，而且为不同知识基础的初学者进阶学习提供了探究工具。没有正式学习过力学知识的小学生，也完全可以借助实时测高工具、用控制变量的方法探究水火箭发射高度的各种影响因素，为实现学生学习水平从玩到科学探究的提升提供了基本条件。

循此理念和思路开发更多项目构成的青少年科技运动会活动，很快得到多方面的认可和支持，在广西成为教育行政部门出面组织的中小学科技活动盛事，让我们看到了通过创新科技体育切入科学教育难题化解的可能性。

这样令人鼓舞的发展，源于我们团队对研发低成本高教育价值科技活动的持续追求和创新实践，还基于对科技素养评价持续多年至今热度不减的研究和思考。自 2005 年起，我们团队先后在多个基础教育质量大规模测评项目中承担科学学业质量测评研究工作。这是 2017 年和 2022 年我们测得的八年级学生科学学业成绩与科学学习兴趣的情况，从大部分数据点的分布可知，成绩与兴趣是正相关的，学生学习科学的兴趣越高，科学学业成绩越好。这个结果与国内外大量已有的研究一致，也容易解释，兴趣是最好的老师！

然而，我们也注意到，尽管某些区县学生的兴趣指标很高，但成绩却不尽如人意。这背后的原因无疑并不简单，但经验告诉我们那完全有可能是教学中引发学生兴趣的活动没有深入发展。学生可能只是一时热闹，即使亲历了动手操作，但可能并没有动脑思考，更没有被触动内心，只是觉得好看、好玩，甚至只是为了完成任务。基于这样的推断，把教师演示实验变为学生亲手探究、科学秀变为科技体育活动后，教师从台前退到了幕后，从演员变为教练和导师，学生不再只是看，而是要动手做；而要做得好，就不仅只是动手，还要动脑，要探索规律，要运用所掌握知识解决问题；而要追求卓越、超越自我，则更要动心，真正迷上动手动脑的实践活动。

这样，看似简单的一个个科技体育活动，完全可以是学生基于动手、动脑更动心的科技探究学习！这样的活动得到普及的效果，就是“厌学的孩子喜欢，好学的孩子着迷”的教育风景。建设创新型国家，不仅渴求数量巨大而且高素质的理工科人才，在源头看不到这样的风景，临时抱佛脚再多的努力都可能事倍功半，甚至事与愿违。因此当友成基金会邀请我们为青椒计划增开小学科学教师培训课程时，我们欣然应允并克服线上授课的不便将科技运动会项目倾囊相授，希望通过学员之手那些活动能激发起乡村少年对科技的热爱，点燃他们的科技之梦，同时也让学员体验低成本教学资源在自己手上实现高教育价值的成就感，增强克服困难育人的信心。

过去这些年，深感真正意义上科学教育之路的艰难，我们更多把希望寄托在年轻教师的成长。而青少年科技运动会活动，则是我们尝试过的各种努力中，最让人看到实效的。特别期待更多青椒教师在项目的支持下更好地成长，在新时代做好科学教育加法的大背景下，他们更有可能改变乡村科学教育的现状，我们大家特别值得一起为此努力，让越来越多乡村少年因为优质科技教育越来越爱上学习，越来越阳光地面对生活、面对未来。

**熊丙奇**

21 世纪教育研究院院长

# 乡村教育发展的独特机遇与挑战

尽管有人认为乡村教育，尤其是小规模学校，缺乏发展机遇，但我认为，乡村小学校实际上拥有独特的发展机遇。然而，当前对乡村振兴和乡村教育发展的认识存在误区，导致乡村学校校长们感到迷茫。他们担忧，无论付出多少努力，小规模学校最终都可能面临撤并的命运。这种担忧并非空穴来风，因为已有地方发布文件，计划在三年内撤并学生人数不足 200 人的学校，这一趋势值得我们警惕。

我国正致力于振兴乡村，没有乡村教育的支持，乡村振兴便无从谈起。地方政府必须高度重视这一问题，否则可能会导致乡村小规模学校的消失。目前，一些地方正推进义务教育城乡一体化，希望将乡村孩子集中到城市学校，这可能导致乡村学校和教学点的撤并，这是一个亟待解决的问题。其次，小规模学校和班级的小班化教学是理想的教育形态。为了提高教育质量和实现学校教育的提质增效，我们需要推进教学改革，但现实中缺乏具体措施，乡村学校仍然沿用传统办学模式，导致学校小而弱，办学质量低。很多地方采取的是低水平维持乡村学校的办学。

尽管面临机遇，乡村教育更多地面临着严峻挑战。挑战之一是少子化和城镇化趋势，这导致乡村学校的生源日益减少。过去，乡镇学校可能有100到200名学生，而现在学生数量已经降至100人以下。在这种情况下，一些地方认为学生数量减少，便考虑撤并乡村学校。

预计明年将有上万所幼儿园被撤并，这种趋势可能还会扩展到小学教育阶段，引发学校撤并潮。如果这种情况发生，乡村学校和乡村教育将面临巨大危机。我们要正视少子化和城镇化对乡村教育的影响，关键在于如何具有前瞻性地规划乡村教育发展。应该提高学校建设标准，降低班额，提高师生比。

目前，中国的幼儿园和小学初中的班额普遍偏高。幼儿园大班超过35人，小学平均班额38人，初中平均班额46人，而发达国家的学前教育班额不到20人，小学、初中班额在20到25人之间。因此，我们应该大幅度降低班额，提高师生比，提高学校建设标准，这是应对少子化和城镇化的关键策略。如果缺乏这样的策略，面对少子化和城镇化，可能会对乡村学校进行撤并。

据了解，一些地方政府在关闭乡村小规模学校时，是基于经济考虑，认为学校规模小、管理成本高，因此提议关闭这些学校。但他们没有考虑到关闭学校后，孩子们上学路程变远，安全隐患增加，家庭教育负担加重，同时乡村的教育氛围也会消失。尽管如此，许多地方在经济压力下，仍然支持这种做法，甚至有些地方提出只有十几个学生的学校不应继续办学。乡村教育正面临严峻挑战，需要制定真正关注乡村、乡村教育的策略，振兴乡村，尤其是乡村教育，保障孩子们能够享有公平且高质量的教育。

政府部门应立即对乡村学校进行新一轮评估，并出台指导性政策，避免盲目撤并学校，听取村民和师生的意见，避免简单粗暴的处理方式。需要高度关注乡村教育问题，如果国家不出台相关指导性政策，任由地方政府算经济账，可能会导致乡村教育问题进一步恶化。因此，我们需要改革乡村学校的评价体系，不再单一追求升学率，而是关注孩子的全面教育。

乡村教育资源有限，如果只是依赖互联网和在线教育，而不加强教师队伍建设，可能会加剧教育不公问题。提升乡村教育质量的关键是加强教师队伍建设，提高教师待遇，减轻他们的非教学负担，让他们能够专注于教育工作。如果乡村教育质量不能提升，家长可能会把孩子送到城市读书，进一步恶化乡村教育生态。我们需要解决这个问题，走出恶性循环。

# 幸福教育论坛

**陈蓓蓓**

广州市天河区珠江新城猎德幼儿园

# 童蒙养正，播种幸福

我是广州市天河区珠江新城猎德幼儿园园长陈蓓蓓。作为一个在一线幼儿园工作了几十年的园长，我不具备开阔恢宏的理论视野和高屋建瓴的宏观视角，只能用自己的满腔热忱和朴素的实践，跟大家讲一讲幸福教育在我们幼儿园的故事。

幸福是什么？一千个读者眼中有一千个哈姆雷特。幸福作为人类追求的终极目标，似乎是个非常高远的概念。虽然我们将幼儿园的办园核心理念定为“为孩子幸福精彩的人生奠基”，但又似乎从未认真考虑过如何落地。

2022 年 9 月，我遇见了点灯人文东茅教授，自己多年关于幸福教育的模糊概念被“幸福就是不断向上向善的心安”这句如此简单却又直指人心的话语醍醐灌顶。幸福开始变得具体，变得人人触手可及。向上、向善，每天一点点，三岁的孩子又有什么不可以？我开始认真思考幸福教育在 3—6 岁学龄前段实施的必要性和可行性。

我试图从学前教育的话语体系当中得到支持，《3—6 岁儿童学习发展指南》中指出“让幼儿度过快乐而有意义的童年”，这是对童年意义最贴切的诠释，也应当是我们对学龄前儿童实施幸福教育的入口。

《易经·蒙卦》有云：“蒙以养正，圣功。”其本义是自童年开始就要施以正确的教育，童稚蒙昧之时最容易接受引导，此时就应该导向正道，这是造就圣贤的伟大功业。

“顺木之天，以致其性。”童蒙教育需要走进儿童的世界，顺应儿童的成长节奏，在理解儿童的前提下，将“幸福”具体、形象、直观化。换言之，对学龄前儿童实施幸福教育的前提是基于儿童视角。

幸福，对于成人可能会有100种内涵，但如果将其转换为具体形象直观的儿童视角，可能会变得简单起来：这是在环境创设当中，夹挂了孩子头像的“今天，我的心情”主题板，这是一些帮助孩子感受情绪与色彩关系的绘本投放。让尚处涂鸦期的孩子可以用不同色彩、不同表情自由记录自己的心情，帮助孩子感受情绪与色彩、情绪与表情的关系，如明亮的色彩代表明朗的心情，哭脸代表沮丧的心情。让孩子初识积极、正向的情绪与幸福感觉的关联。

这是幼儿园的“幸福角”“幸福小屋”。在这里，每位孩子都有自己的专属“小信箱”，如果对自己小伙伴羞于表达的时候，就可以用投递小纸条的方式去传递自己的信息。这里是班上最安全、最放松的专属角落，在他们想进入的时候，随时出入、随手记录。

在环境创设中，我们鼓励孩子在老师家长的帮助下，通过照片、绘画、录音、视频等多种形式，表征自己的幸福记忆，将幸福内容可视化，让孩子真切感受自己与他人幸福的美好空间。

待孩子逐渐了解了幸福的感觉之后，老师们随即开展了幸福小班会的实验。孩子们三三两两随地而卧，围在老师周围，轻松分享自己觉得开心的事。幼儿园孩子口语表达个体差异挺大的，刚刚入园的小班孩子有的仅能说一个字或一个简单的词，但轻松愉悦、被老师接纳鼓励的分享本身就是一种幸福。孩子逐渐形成了离园前分享一天幸福感受的习惯。当然，他们的体悟还是非常粗浅的，幸福的理解都与吃喝拉撒玩有关，这是符合孩子生活经验的，无可厚非，但却一度让老师们很苦恼，幸福教育似乎离我们十万八千里。

通过集体教研，我们逐渐解决了这个问题，那就是选择聚焦问题引导孩子：今天的生活里，你学习到了什么？今天你帮助了谁？谁帮助了你，你感谢了谁？用这些焦点问题引导孩子，幸福不只是安逸享乐，更存在分享、付出、奉献、自控、自我服务、服务他人等价值和意义之中。如果孩子不能拓宽和深化对幸福的感受理解，是教育者的失责，更是孩子成长路上的遗憾。我想，从这里开始，应当算得上是引领儿童真正走上幸福教育的分水岭。

广州疫情最严重的那段时间，幸福小班会从线下移到了线上。我们主动自发地每周推出两次由孩子们自己的老师录制的音频故事《特别的爱给特别的你——我的老师讲故事》，而且每周一次师生在视频中分享自己的进步与欣喜。封闭在家的老师用这种方法持续引导孩子体验幸福、表达幸福。

孩子的自我表达往往出于主动沟通的欲望和激情。老师们一边自己读书幸福写日志，一边引导孩子用特殊的符号——绘画记录自己的幸福日常。这些可是独一无二的幸福日志哦！

此时孩子的幸福日志分享不但有具体事件，而且插上了想象的翅膀。一个叫满程的孩子这样说：“我造了一个饼干屋子，饼干屋子很高，里面有很多饼干，需要用吊车把饼干吊出来，要打包得漂漂亮亮送给爷爷奶奶吃，他们收到我的礼物就会很开心，我们大家都会很开心。”小小的孩子从中感受到了被需要、被欣赏、被感谢的满足，这种满足感和成就感就是他们从内心深处体验到的幸福。

“天使与国王”是我们融于一日生活中的游戏。天使是助人的孩子，而国王则是需要关爱的角色。用游戏的方式，让孩子逐渐感知、体验到幸福的真正意义。

每年 9 月 1 日开学这一天，幼儿园基本都是哭声震天的，刚离开爸爸妈妈的三岁宝贝哇哇哭着来到我们身边。面对个别孩子严重的分离焦虑，我们提前选择了一些安全感强、总是乐呵呵的哥哥姐姐来做“小天使”，与那些情绪不稳定或情绪持续低迷的“小国王”一对一结成好朋友，开展“结对帮扶”。孩子们的善意和友谊很容易被体悟，小天使替代了老师，伙伴之间进行着正面引导，这是我们更愿意看到的画面，而且确实看到了效果！班上哭闹的情形迅速减少，孩子们付出了陪伴和关怀，也从中收获了友谊。

获得是一种幸福，付出更是一种幸福。点点滴滴中，孩子们体悟到给予、助人的幸福。亲身感受到这个世界除了拥有物质之外，还有一种富足叫作精神富足，这种幸福远比物质富足更有意义。我们希冀并通过努力，让所有的孩子都找到安全感、归属感和自我价值感！

今天，当我们与儿童谈论幸福，并不是要让儿童明晰幸福的准确概念，也不是将自己已有的认知灌输给孩子，而应当是帮助儿童探索自己、认识自己，进而慢慢去感受“幸福”的意义。这使得我们越来越认识到“重视生活和游戏的独特价值”对于儿童幸福值提升的重要意义，更为重视在一日生活中倾听儿童、追随儿童。

我想问问，您的幼儿园有孩子们的自留地吗？接下来我给大家讲个在生活化课程中实施幸福教育的小故事。

2023 年春游，我们特意安排了孩子们体验插秧。当孩子得知每天吃的大米饭和绿绿的秧苗有这么直接的关联时，一致提出想试着种大米。寻寻觅觅，孩子们看中了一块儿幼儿园大门口的观赏性绿化带，那里可是幼儿园的门面呢，把它变成一块烂泥塘真需要一些勇气！只要孩子们需要，没说的，咱必须支持！

一开始孩子们想当然地把一粒完整的大米种进去，结果当然不言而喻。重新做了调查后发现，稻谷需要催芽、焖芽才可以播种。孩子们运用塑料袋等各种工具，焖芽成功，顺利进行播种。为了小小的禾苗顺利发芽长高，这个班的孩子们还和老师们一起每天用吃剩的水果皮水果核做了水果酵素，希望可以给稻谷的生长发育提供营养。绿油油的秧苗很快长高，吸引了小鸟光顾，孩子们再次担心他们不在的时候小鸟会偷吃秧苗，于是就想起了可以做一个稻草人来保护秧田。说干就干，他们和老师们一起网购买了稻草，做了个稻草人，还自发的给稻草人穿上自己在小班时的衣服。孩子们每天像盼望自己长高一样盼望着收成，常常过去施肥，并且观察、测量秧苗的生长发育情况。

经过长达一个学期的精心照顾，水稻被颗颗饱满的谷粒压弯了腰。孩子们迫不及待拿着自己从家里带来的工具，有的收割，有的搬运，忙得热火朝天、不亦乐乎。看看他们满是泥浆的小屁股和绽放在小脸上开心的笑，把这块自留地给到孩子们，无疑是正确和幸福的选择！在探索“米”的过程中，老师和孩子一起感悟“一粥一饭，当思来之不易”。

众所周知，家长是我们最重要的合作伙伴，他们在孩子的成长过程中无可替代。但是，不同个体对幸福的理解和追求方式有着很大差异。那么，如何引导家长加入我们的队伍呢?

今年的小班新生家长会，我以《让孩子的一生幸福而精彩》为题，专题介绍了幼儿园幸福教育的思考与探索，还一针见血地指出孩子的问题很大程度上就是家长问题、家庭问题的折射。此时我的身份是园长、大姐、母亲，设身处地地帮家长分析急功近利的教育对孩子的长久危害，引导他们思考教育的终极指向。当时会场鸦雀无声，家长都被我“镇”住了。当然，对于当今的家长，光说教是没有用的，咱要说起来有理，做起来更要有情、有趣。

前不久，结合重阳节主题教育，我们开展了“感恩孝亲敬重阳”旧物主题展活动。目的是帮助孩子了解老一辈的生活，感受祖国强大给我们生活带来的巨大变化，体验亲情带来的幸福。

老物件，是时间变迁的见证者，斑驳的痕迹中承载着祖辈的回忆。在家长的支持下，孩子们有的带来了奶奶的婚纱照；有的带来了爷爷的军功章；有的带来外婆陪嫁的杯盘茶具。这是一双102岁太奶奶亲手制作的虎头鞋，传给儿子，又传给孙子、重孙子。每一件老物件都让我们感受到时光背后蕴藏的爱和能量。

孩子们的幸福感染了家庭，您看爷爷奶奶在重阳节活动当中化身模特来为孩子们表演时装秀；在老师的引导下，孩子们和爸爸妈妈一起为爷爷奶奶做长寿面，他们挖空心思为长寿面搭配健康食材。试想一下当爷爷奶奶吃上这碗饱含儿孙深情的长寿面该有多么幸福，这一家其乐融融的场面将多么动人！

3—6 岁的孩子年龄虽小，但却是独立的个体。基于感性思维的直接感受，决定了他们对幸福的理解单纯化、情绪化。孩子常常将生活中的具体事件与幸福相联系，他们更遵从自己的内心，幸福也更是还原了应有的模样。

阿尔弗莱德·阿德勒说：“幸福的人一生都在被童年治愈。”孩子心灵纯净又温暖，像一块蕴藏无尽生机的处女地，幼儿教育工作者就是那个播种幸福种子的人。在孩子最初成长的路口，我们播撒了一粒种子，这是源自内心的满足和对生命的热爱的种子。希望这颗幸福的种子深深烙在孩子的内心深处，生根发芽，成为未来人生道路的明灯。无论孩子走到哪里，无论他们将来做什么，这颗种子都会陪伴在身旁，为他们带来光明和力量。祝福每个孩子的人生幸福、美好！

**陈雪媛**

浙江省余姚市城南小学副校长

# 良知为伴，奠基幸福

作为基层教师，我很幸运以幸福教育探索者的身份，加入教育追梦的行列，寻求教育至善之道，幸福之道，为孩子未来美好的人生奠基。

## 致良知　学觉察

作为城南教育的一员，我们铭记“让每一个孩子都微笑”的教育愿景。我们明白，我们是余姚教育的托底，推动孩子自觉自主、幸福成长，为幸福人生奠基，既是我们教育者的使命所在，更彰显着余姚这座城市的良心和温度。

在市教育局和教科所的指导下，作为余姚幸福教育实验样本培育学校，我们结合余姚地域文化特色，启动了阳明心学智慧指导下的幸福教育实验样本学校的培育研究。希望通过我们的研究找到方法，完成推动孩子在上中学之前完成自觉自主、幸福成长的关键任务，实现学校“让每个孩子都微笑”的办学目标，也为更多像我们一样的学校，以及所有关心小学教育如何奠基人生幸福问题的教育追梦人，找到有效的方法和途径。

致良知，学觉察。在阳明先生心学的智慧引领下，我们找到了教育幸福的落地支点。阳明先生说过：所谓良知，即孟子所谓“是非之心”良知，就是每个人都有的对是非善恶的判断，是人人本自具足的“自性光明”。人的喜怒哀乐各种欲念，会遮蔽良知。但是良知也会觉察，觉察了就去除遮蔽，就能恢复其光明本体。

成长中的孩子，当他良知光明，知行合一，他该听课就认真听课，该写作业就认真作业，这就是我们所期待的孩子自我超越持续精进的状态，优秀孩子优异的成绩就是这样养成的。

但是对于外来务工子女们，他们面对学习过程中的各种问题，来自环境的干扰，自身的习气或各种念头，让他无法做到该听课就听课该写作业就写作业……用阳明先生的话，这就是良知被“遮蔽”了。

我们的刘可粒和其他许多外来务工子女一样，他们从小的生活、家庭的状况使得他们常常静不下来，无法专注。要写作业了，习惯性拿起了玩具。该好好听课，想到了昨晚吃过的鸡腿。想看书的时候，电视在召唤了，小伙伴叫他去玩了。刚想静下来，好玩的游戏又吸引了……一支铅笔，一块橡皮，窗外飞过的小鸟，墙上的一块瓷砖，学习以外的每一样事物，都在牵动孩子野马般不受控制的心。一到四年级的刘可粒们，便是这样，该学的没学会，该懂的没搞懂，无论是知识技能，还是状态习惯，都远远落后了。

对于那些家庭教育力量薄弱的孩子，你指望把问题交给家长？这根本不可能。就是这样的一个孩子，也是家长尽全力培养出的最好的孩子。

没关系，教育可以让孩子自己试着做自己的老师，自己推动自己。人人都有良知，良知容易遮蔽，但是“良知亦会自觉，觉即蔽去，复其体矣”，它让你觉察到自己不好好听课不好好做作业的时候，把你自己拉回来，继续听课继续做作业，良知光明，你仍然是最优秀的自己!! 这就叫致良知。

实验班的第一堂课，和孩子有了愉快的约定：以后，我们自己培养自己，自己推着自己致良知、学觉察，做真正的学习者，自我成长的教育者。

致良知、学觉察，是我们的教育不可忽视的“暗线”。于是陪伴孩子们的每一天，我在教语文，同时也在教致良知、学觉察，觉察自己是否在专心致志真学习。上课就致认真上课的良知，写作业就致专心写作业的良知，用餐就致安静用餐的良知……老师是孩子们成长的伙伴，良知觉察的助推，和大家一起欣赏感叹一次次良知光明心志成长的幸福。良知光明，陪着大家专注一心学习精进，良知遮蔽受影响出问题的时候，更是十二分的理解包容，教大家一起练习，去除私欲遮蔽，扫清习气污染，一句话，把自己拉回来，让良知复明，然后专注一心学习精进。

实验的每一天，我们在每一件事情上保持觉察，不断去除遮蔽，不断让自己良知光明。这就是阳明先生的事上练，心上悟。

看刘可粒，上课上着上着，在纸上画画了，哎呀，忘记觉察了，赶快把自己拉回来哦。学着学着，又拿起修正带来了。哦，小心，不要被修正带影响了。加油，良知光明，你还是你自己的英雄！下一次，他的觉察就更强了。

致良知，是一种伟大的力量，整整一年，良知相伴，时时觉察，刘可粒创造了自己的奇迹！实验班的同学，也是这样，一个个创造了他们自己的奇迹！

起初是外力的作用，内心燃起良知的小火苗。但是你继续给他力量，给他欣赏鼓励支持，内心的力量越来越强大，越来越持久。一个孩子的成长，便是在教师关怀下内心的生长。

而当我们引入“致良知”，邀请孩子进入他们的成长中，生命内在自性光明猛然唤醒，良知之光便如熊熊大火，激情燃烧……

## 良知为伴　奠基幸福

致良知，是一种伟大的力量！怎样一步步让孩子们认识良知，了解良知，让致良知成为他们生命的自觉，助力他们成为自我成长的教育者，在时时觉察中自觉自主，幸福成长！我们是这样做的：

**一、心智小课，开启良知之门**

结合教学，渗透关于什么是学习、怎么致良知以及脑科学等和学习有关的理论，学习用科学的方法自我推动，自我塑造！鼓励孩子们一起加油，训练自己，推动自己！幸福实验班启动仪式，就是一堂心智小课。我给孩子们讲解了什么是学习？让他们知道每个人都可以通过“致良知”，推动自己学习，获得进步，成为优秀的自己。鼓励大家去成为真正的学习者，自我成长的教育者，把自己作为实验样本，通过培养自己，和老师一起探索幸福教育的秘密。

**二、心志作业，感知良知**

学着自己给自己布置作业，写还是不写，写多写少全凭自觉，只为通过学习获得进步。每一份心志作业都代表着热爱学习良知光明的那个自己！心志作业变成了感知光明良知的幸福作业。

**三、心志日记，保持良知**

良知容易被遮蔽，所以每天作业之余记录自己心志的成长，保持觉察，有觉察地学习，更多地保持良知的光明。

**四、盘点总结，良知留痕**

良知是我们事事物物的衡量标准，我们更是通过致良知来探索如何培养自己。每隔一段时间进行盘点总结，看看自己致良知行动在自己身上产生的效果，感受良知光明带给自己的成长。

**五、幸福播报，良知充盈**

我们是真正的学习者，我们是自我成长的教育者，我们也是幸福教育的探索者。老师用视频号记录大家成长过程中感受的美好，以及自我培养和探索成长的心得，让致良知在助力自己成长的同时，成为一种能量不止在实验班流动，同时通过媒体影响更多的人。这流动本身又成为一种能量，整个集体良知充盈，正能量满满。这样的方法还有很多。

六、幸福小班会

小组分享幸福故事，5—8分钟，说说自己这一天创造了怎样的进步，让致良知行动推动自己变成创造幸福的人。

七、知行合一表，良知常相伴

每天早上对前一天的致良知情况进行小结，我推着自己向前走，我真是太棒了！良知遮蔽的时候及时拉回了，这真是太帅了。良知常相伴，幸福紧相随。

致良知，学觉察，老师陪着孩子们一起努力，自己推着自己该读书就读书，该写字就写字，让事事物物皆得其正，皆得其成。

小学的六年，便是曲曲折折生命向上的过程，也是每一个体向美向善的惊喜之旅。

幸福实验探索的每一天，我们上课，我们作业，我们用餐，我们出操，我们集会，我们致良知，学觉察，良知日见光明，知行愈加合一，我们一步一步让自己变成一个自觉自主的快乐少年！

## 良知作帆幸福起航

良知是我们遭遇事事物物的最初觉知，是人人具足的光明自性，也是我们学习生活中遵从和衡量的标杆。良知相伴，孩子们有了成长的自觉，他们知道无论做什么，自己才是自己成长的教育者，只要依照我们的本心良知去做，在事事物物上致其良知之所知。不会读，没关系，读着读着就会了。看不懂，没关系，看着看着就会了。坐不住，没关系，坐着坐着就坐住了……学习就致学习的良知，劳动就致劳动的良知，交往就致交往的良知，自己陪着自己慢慢走，往前进，被影响了，习气上来了，把自己拉回来，继续往前走。

可以说，一年的实验，我们飞速地进步，飞快地变化，但是我们还有很多路要走，在剩下的小学最后半年多一点的时间，我们还有很多问题要探索。就像星期五中午我一边在整理这份儿稿子，一边来了三个孩子，他们来跟我吐槽：陈老师，我已经忍了很久，我真的不得不说，我们谁谁谁表面上跟你很好，暗地里还要说你坏话，我跟她说的小秘密，一转身就说给别人听了……哦，真好，我们又有新的功课了。

每一个问题都是生长的机会。小学的六年，就是伴随着问题解决、良知不断扩充认识不断升级的过程。

教育的幸福便是这样：走着走着，遇见新问题了，停一停，让老师陪着大家看一看，捋一捋：是什么，为什么，怎么做？然后我们继续前进，探索，发现新问题。然后——这一刻你在吗？在！嗯，真的很好，我们越来越专注，越来越不会受影响了。

在我们周围，有许多与我们有相同教育理想的学校，他们紧随我们余姚教育的脚步，致力于探索并实践幸福教育之道……我们共享同一片蓝天，怀揣着同样的幸福教育梦想。让我们齐心协力，帮助每一个孩子踏上积极主动自觉自驱的学业发展之路，实现他们的幸福成长。

**苏国峰**

山东冠县桑阿镇中学党支部书记、校长

# 让学生在成功中幸福成长

习总书记强调，教育是一门“仁而爱人”的事业，有爱才有责任。广大教师要严爱相济、润己泽人，以人格魅力呵护学生心灵，以学术造诣开启学生智慧，把自己的温暖和情感倾注到每一个学生身上，让每一个学生都健康成长，让每一个孩子都有人生出彩的机会。

我们冠县推行的“五心幸福教育”，让学生在成功体验中幸福地成长。接下来我从四个方面来分享。

## 一、新解成功，心安幸福

首先，对于成功的理解有三种：一是像大禹治水一样实现有价值的理想，二是实现自我或者他人订的理想或目标，三是获得预期效果。我们所理解的成功，是成功体验，增进学生的幸福。每个学生都是一粒完美的种子，雨露润心都可以得到更大的发展，都可以体验到不同的成功，都可以获得幸福。成功体验促进人感知幸福、创造幸福、分享幸福的能力。

其次，是关于幸福和教育。真正的幸福不是少数人专有的，而是人人可求的；不是转瞬即逝的，而是可以追求并可长久持有的；不只是身体对物质的“享乐”，而是要不断向上、学习成长、不断向善、造福社会的；不是由外在决定的，而是自主可控的，可以通过学习、修养提升的；真正的幸福是不断向上向善的心安。

## 二、经典启智，积聚成功

国学经典，启智增慧。全体师生共读《论语》《大学》《孟子》《教条示龙场诸生》和《道德经》等，知礼明理，经典启智。师生利用假期、阳光大课间，定期交流并设立“明礼堂”开讲。通过经典修心，思礼善学，学生每日经典诵读切己体悟，每一个细小的改变都会给人带来内心的喜悦，能在某一方面有触动，这也是真正的收获。学生在读经典中逐渐形成自己的世界观、人生观、价值观。

经典启智，立志励志，志不立天下无可成之事，非志无以成学。

（一）立志有节点：1. 开学典礼立志，九月一日是立志节；2. 主题班会立志，强调立志重要性，如何立志；3. 每次考试后立志，定目标找差距，激发内在动力；4. 大型活动之后立志，激发学生的成功感、成就感。

（二）立志有目标：有人生目标，成为什么样的人，做成什么样的事儿；有学科目标，有人生格言，有感恩词；立志有榜样，知名校友、身边的标兵、自己最喜欢的名人传记。

（三）立志有抓手：1. 三成灯塔填写、展示、粘贴；2. 名人传记人手一本，名人励志故事；3. 知名校友，班级标兵，榜样效仿；4. 幸福小班会，幸福日志，督促督导，和谐互助；5. 经典诵读（每天 10 分钟）；6. 墙体格言（可更换的格言）；7. 三成盛德光荣榜（盛德分 60 分以上）；8. 立志电影，立志故事。

（四）立志有过程与方法：1. 教师指导立志，学生监督立志；2. 亲子立志，家长帮助与监督立志；3. 间操班级口号，格言自强强化立志；4. 候课三分钟宣誓立志，强化立志；5. 立志励志有恒心，校规校纪，班规班纪，班组文化，周末管理，外在激励。全体班主任都会在周末或者节假日在家长群里发一些励志的信息，鼓励学生们勤学向上。

我们还举办了经典诵读的实验班，在班主任的带领下无论是疫情期间、节假日、周末都没有停歇，勤耕不辍。同时也收获了家长的满意和认可，有的家长说幸运遇见，有的夸老师用心，有的家长说孩子放在这样的学校里放心，有的家长深表谢意。实验班的总成绩每次也都是遥遥领先。

经典启智，我们还通过六礼四节的定期实施，给每一位学生一项或者多项体验成功的机会，让每一个学生的兴趣和特长得以展示，让每一位学生树立目标，增强向上的学习动力，进而感受到成功感、成就感和获得感。大的成功都是一个个小成功的积聚。有数据显示，学生有六次的成功体验就可以坚定他做事的信心，激发出学生学习的内生动力，使学生的心志力拔山举鼎、愈发坚强，不断提升自己学习、创造、分享幸福的能力。

## 三、分层教学，助力幸福

中国的乡村振兴战略让农村发生了很大变化，同时农村人口的流动加速，文化层次差距拉大，农村学校教育问题凸显，分层教学是我们当下采取的必要且重要的措施。

核心理念：分层教学，梯次成才，因势利导，幸福成长。

分层教学，实质就是承认学生差异，关注差异。实施学生分层、目标分层、授课分层、练习分层、作业分层，还有暗箱分层和动态分层，通过分层实施不同的教育和教学，让各个层面上的学生都能够有所得，有所提升。

梯次成才，有两个方面的含义：一是因人而异，各有所得，不仅仅在横向层面上相比，更要在纵向上进行对比，哪怕有一点点进步也是收获；二是成才也要循序渐进，逐步提升，正如禾苗之盛非一日之功，不见其长，日有所增，循序而至。

因势利导，即向着有利于目标的方向引导。根据学生的年龄、认知水平、兴趣爱好等因素来进行教学，以适应学生的需要和特点，使教学过程更加有效。再结合点拨教学给学生提供较为精确的指导和帮助，使学生能够自主学习和思考。使用适当的教学工具和方式，激发学生的学习兴趣和潜能。创设良好的教学氛围，营造浓厚的学习气氛，使学生能够获得成就感和满足感。

幸福成长，通过幸福四人组的合作学习同学共进，在一种向上向善的氛围中通过自己不断地进步而获得成功、胜任、自主的主观感受。它是人的精神力量的激发和恒信的坚持，这不仅仅是高兴与愉悦的成长。我们通过分层课堂让学生在合作中获得，在一个个成功中感受到成长的幸福。

分层课堂的结构中，植入了非认知品质等方面的思维和行为，改善了课堂内的小社会心理气氛，发挥每位学生的主观能动性，学生在学习过程中会感受到不同的成功与自信。

自主学习，激励学生胜任感的幸福；小组合作，互帮互助成功感的幸福；分层教学，梯次成才成就感的幸福；小组评价，比学赶帮向上感的幸福。通过这样的课堂，培养学生的定向思维、目标思维、求同思维、归纳思维和移植思维。关注每一个、激励每一个、提升每一个、成就每一个，教师的幸福能力传递给学生的即幸福教育，分层教学助力幸福教育，让每堂课都是幸福课。

## 四、仁爱向善，幸福成长

幸福教育离不开教师的幸福，如果教师自己都不知道何为真正的幸福，如何去追求人生幸福和实现人生幸福。幸福的教师是开展幸福教育、促进学生幸福的保障，只有教师们信道并志于道，幸福教育才会顺利开展。为此，我们开展了如下的活动：

（一）设立三成服务岗。根据工作需要和教师意愿、特长，学校设立了72个服务岗，教师们可自主选择自己能胜任的、有兴趣的岗位，也可以因人设岗，让每位教师至少有一个管理服务岗位，这充分调动了教师的主动性、积极性，也让教师们在其中找到了归属感、责任感、价值感以及幸福感。

（二）幸福大天使与三成赞美实现了完美结合。学生赞美教师，点燃教师工作激情；教师赞美学生，激发学生的内在动机。践行幸福大天使，实施导师制，制订导师培养计划，用好《导师手册》。

（三）幸福小班会。四人组幸福小伙伴通过坚持不懈的觉察、反思、总结，不断提升认识自我、认识他人、自主学习、独立生活的能力。

（四）幸福小伙伴。就是四人小组，不仅仅是合作学习的小伙伴，也是生活小伙伴、德育小伙伴、纪律小伙伴，大家荣辱与共，共同成长。

（五）师生作品展览交易会。每学期两次，期中考试前、期末考试前各一次，筹划科室为自主管理研究院，学生可以把自己的绘画作品、思维导图、错题集、诗集、剪纸、集邮、小制作等在每学期期中学校举行的展览中标价出售。包括各研究院的作品也可以在展览中销售，以此看清自己的教育产品价值。

（六）盛德少年，多元评价。每个学生各有千秋，学生在意义建构过程活动中表现出来的能力，不是单一维度的数值反映，而是多维度综合能力的体现。盛德少年的评价是多元化的。

首先，评价内容涵盖了德智体美劳五育的全面发展，每一项都进行了类目的细化，细分出加分、减分项。

其次，评价主体的多元化，幸福小伙伴互相评价、班级评价、班主任评价、科任教师评价、家长评价。从不同的角度去看待学生呈现了不同视角下的学生真面貌。

最后，评价方法的多元化，先让学生展开自我评价，找缺点找不足，自我激励。然后是感受小伙伴的他人评价，进行自我反思，总结成功，检视不足，从而及时调整自己。再就是课堂上的积极评价、作业中的鼓励性评价、日常活动中的欣赏性评价，汇总成盛德诚信评价，评比出多维“盛德少年”。

我们通过各种形式和途径，给每一位学生参与和展示的机会，让学生体验成功，提升学生获得幸福的能力。学校和教师也应该为学生们创造更多更好的体验机会，让学生有成功感、成就感，有获得感、胜任感，能激发出学生的内在动力，让学生自主管理，自我约束，在一个个成功中幸福成长。

**唐倩茹**

北大附中高三首席导师、语文老师

# 让高三更幸福

我叫唐倩茹，是北大附中高三的一名首席导师和语文老师，很荣幸能在这里和大家探讨如何让教育助力人人终身幸福的课题。

## 魔法学校

首先，我想向大家介绍北大附中这所学生、家长、老师眼中的魔法学校。北大附中致力于培养具有家国情怀、国际视野和面向未来的新时代领军人才，从未名湖畔到银杏树下，北大附中建校伊始，就秉承了北京大学爱国、进步、民主、科学的优良传统，大力培育勤奋、严谨、求实、创新的优良学风。

我校是中国基础教育的改革先锋，在高中教育阶段，创建学院制、书院制、选课制、走班制、导师制、学长制等多项教育教学组织和管理制度，以学生为中心重构中学教育与学习模式，以国际化视野开创国内高中教育新格局。在德育制度方面，依托书院制、学长制、导师制的制度创新，落实三全育人，我目前担任的便是预科部（也就是高三）的首席导师。

## 金之在冶

接下来，我将聚焦高三育人工作来探讨育人目标。如果说高三是一场经烈焰受钳锤般的冶炼，那么我们的育人目标便是真正的“金子”，金之在冶，力求真金。

高三伊始，我们便在幸福大班会上和同学们讨论何为金子的问题。同学们首先能想到的便是高考成功，考上理想的大学，取得满意的分数和成绩，等等。在老师的引导下，同学们渐渐地转变了思想，意识到还有很多很多珍贵的金子可以在高三获得，比如内驱力、乐观、坚韧、自律、合作，等等。左边和右边，孰为本呢？后来师生达成了共识，还是坚韧、自律等这些品质才是根本。

反观高三冶炼的现状又如何呢？我们依然发现了一些问题，例如有同学不知道学习为了啥，非要说就是考试就业，或者回答爸妈希望我怎样怎样。抑或是作业总是做不完，快乐水（奶茶）喝不停，春夏秋冬睡不醒，还有间歇性踌躇满志，持续性混吃等死，躺平、摆烂挂在嘴边，也有白天睡觉、晚上刷题的心机学霸，“吃得苦中苦，方为人上人”的零和博弈、内卷拼杀……

这些问题在同学们的幸福日志中也得到了反映，我们在《在高三培养受益一生的品质》主题日志中，提炼了高频出现的品德，如立志、自律、坚韧、大爱，这些品德的培养恰恰也是解决以上这些问题的根本之道。在党的十八大报告、十九大报告、二十大报告中都强调立德树人是教育的根本任务，在升学压力最大的高三，更应当坚定落实立德树人。

## 事上磨炼

那么，我们应当如何在高三冶炼这些金子般的品德呢？我国古代先贤给予了我们很多启迪，王阳明先生说：“人须在事上磨。”在每一天、每个人、每件事中磨炼。事上磨炼，方得真金。

第一，立志为先。立志是树立追求奋斗的目标和方向。我们除了要立学业之志、事业之志，更要立德业之志、人生之志，我们可以通过确立小目标和大目标，激发内在动机来磨炼。

F 同学是我曾经教过的一位后进生，“差生”的帽子戴了多年，心早已千疮百孔，只能在游戏中找到赢的快感，宁愿晚上不睡觉，成为班里的“睡神”。我在海淀一模后给他写了一封家书，和他分享了三件事：差生并不可怕，可怕的是不敢面对，我们都要敢于去面对。现在差并不可怕，可怕的是不去改变，什么时候开始改变都不算晚。某些方面差并不可怕，可怕的是全面否定自我。

令我欣慰的是，不久我便收到了他的回信，他说要看一看奋斗之后的世界会有什么不同。自此以后，他仿佛变了一个人，从一个整日睡觉、沉迷游戏的“睡神”变成了眼里有光、作业全写的少年。相信这份心气和勇气将伴随他未来的人生，给予他阳光和力量。

第二，自律为法。自律指自己管束自己，不断向上向善。越自律，越自由，越能够自我主宰。

我们可以从口号鞭策、时间管理的日常习惯中磨炼。目前，我们 B4 层的口号是：B4 B4 be responsible for yourself。在大班会、小班会中以此不断鞭策大家对自己的人生负责。

我们还会在幸福班会上分享同学的时间管理案例，从主宰每一天开始做起，学会主宰自己的人生。

第三，坚韧为要。坚韧指坚实柔软，不易折断。以柔克刚的道家智慧启示我们，坚定顽强的另一面是柔软耐挫，温柔而坚定的本质是心安。我们可以在每日落实、锚定目标、同伴扶持上磨炼。

人生如登，贵在坚韧。高三也是一场目标明确的攀登，贵在日复一日地坚持攀登，而非三天打鱼两天晒网，更不是轻言放弃、躺平摆烂。

L学生在高考百日冲刺的一百天中坚持写幸福日志，重视锚定目标，温柔而坚定，不仅锚定明确的大学和分数目标，还锚定了一个具体的同学作为榜样目标，不断给予自己向上的力量。L同学在日志中不断提醒自己修炼坚韧，出现最多的句子便是 never give up（永不放弃）。事实证明，他真的成为自己日志中所愿望的“北大附中高三逆袭”的标杆，如愿考上了梦想中的学校北邮，这便是坚定信念、永不言弃的力量。

除了自我修炼，同伴扶持也是修炼坚韧的有效路径。幸福天使活动鼓励同学之间相互赞美、帮助、关爱，我们会把祝福信、赞美信、安慰信等张贴在教室，一角一落皆教育，一点一滴皆用心。例如Z同学给“窗台男孩”L同学写道“每每我松懈时，你不停努力的行为总能拉我一把，激励我向前”。

第四，大爱为心。大爱指爱自己、同学、父母、社会、国家、人类、世界。我们可以通过同学之间的赞美安慰、合作互助和亲子间的沟通来磨炼。

让我们读一读同学们写的生日祝福信、期中安慰信。“我先送你三千万”“你的记叙文写得很好”“总分直上30分”“我们班遥遥领先”“认真玩耍，用心学习”，等等。同学们真心希望其他的同学进步，取得好成绩，成为好人，是朋友而非敌人，不是“多拿一分干掉千人”的狭隘阴暗。

看到期中安慰信当中的温暖话语，我感到孩子们希望他人好的那份真心是多么可贵。

此外，师生对每日幸福之星的赞美帮助，每一位同学看见自己的闪光点，从而树立自信。

除了同窗之爱，亲子之爱也是一个人长久幸福的源泉。然而在高三这个高压的熔炉中，亲子关系会变得空前紧张。由于父亲的长期缺席和母亲的高压管理，H同学的亲子关系一度陷入僵局，通过幸福家书，爸爸毫无保留地表达了从未说出口的爱，“我得感谢你给我带来的这些幸福”，H同学终于感受到了爸爸原来是如此在乎自己，最终打破僵局，点石成金。

## 幸福教育

最后，我想对幸福教育做一点总结展望。文东茅老师说，幸福是不断向上向善的心安。通过幸福教育，我们发现有一些变化在真实地发生，发生在我们的周围，发生在我们的班级，发生在我们学生的身上，我们变得更幸福了。

比如高三一开始同学们会说：也不知道以后要干啥，每节课都困，作业怎么也写不完，老师你让我们写规划，可是我按规划走，没两天就废了；高三重新分班之后，和同学们都不太熟，主要还是就自己闷头学。通过幸福教育活动之后，我们发现有很大的一些改变，同学们会意识到，高三是让自己变得更强大的一场修行、一场修炼、一场磨炼，我们的目标是超越自己，是挑战自我，是收获幸福，是学会金子般的品质。所以我们每个人都是成功的，并不是一个唯分数论的成王败寇的逻辑。

在幸福教育活动当中，我们也收获了无数的幸福的时刻和瞬间，我们的幸福也是由一个一个的时刻和瞬间组成的。举一个例子来说，在刚刚过去的 2023 年的高考前夕，我给每一位同学都制作了独一无二的高考祝福卡。当然大家会发现上面的图片画得很幼稚，这是我女儿和我共同合作完成的。当同学们在最后一刻收到了这份独一无二的高考祝福卡的时候，都感到非常幸福。他们自信满满、充满干劲地走上了高考考场，收获到自己属于高三的这份幸福。这个在我看来就是成功的，我们要成为最好的自己。

## 结　语

通过金之在冶理论引领和事上磨炼实践探索，我们通过高三这个熔炉来冶炼真金品德，在功利主义、实用主义、绩优主义盛行的当下，我们希望回归教育的本质，落实立德树人根本任务，向着人人皆有所获、人人皆可成功、人人皆能幸福的美好愿景而不懈奋斗。

**文东茅**

北京大学教育学院教授
心安幸福教育发起人
中国教育三十人论坛成员

# 至诚无息，向上向善

## ——我在北大开“幸福课”的实践与体悟

刚才幼儿园、小学、初中、高中各位老师的分享都非常精彩，也证明了在各个阶段都可以而且应该进行幸福教育。那么，在大学要不要幸福教育呢？其实是很需要的，因为据我所知，即使是考上北大了，仍然有很多人不幸福，哈佛幸福课之所以受欢迎，也是因为大家都渴望更幸福。

我从事幸福教育，源自我的两个“教育之问”：为什么教育没有明显促进人的幸福？教育如何才能促进每个人获得长久的幸福？为此，我和团队在全国上百所各级各类学校开展了长期的探索。今天分享的只是我个人在北大的一些实践和体悟，希望能对大家有些启发。

### 一、立足课程，幸福德育

哈佛大学本·沙哈尔的幸福课是基于积极心理学。我在北大也开了一门《教育与幸福》课，主要基于中华优秀传统文化，认为向上向善、立德树人是幸福之源。整个课的主要内容与我最近出版的新书《心安幸福教育》基本一致，包括“心安之境”“修身为本”“幸福家庭”“幸福学校”等部分。此外，我在北大还开设了《人生修养与学校德育》《教育导论》《教育名著选读》《社会调查与政策分析》等本科和研究生课程，尽管这些课程没有冠名为“幸福课”，但也往往被同学们称为“幸福课”，因为在这些课中，我都特别注重立德树人，以增进同学们幸福的能力和素养。

例如，1学分的《人生修养与学校德育》课，我安排了这样八讲：人生修养与幸福之道；为人师表与明师之道；理想信念与立志教育；勤学向上，智者不惑；仁爱向上，仁者不忧；尽责担当，勇者不惧；事上磨炼，切己体察；至诚无息，终身成长。另一门《教育导论》课，我负责的八次内容则是：教育之问；孔颜之“乐”；《大学》之“大”；孟子之“心”；《中庸》之“诚”；老子之“反”；阳明之“一”；教育之道。从这些课的主题就可以看出，我是大张旗鼓地讲德育、讲修德。在大学里面讲德育往往是挺不讨好的，但我的课还是挺受欢迎的，其原因可能有三：

第一，我们是结合中华优秀传统文化经典的学习讲德育。同学们从小到大系统地读过的经典并不多，需要补这一课，而且随着年龄和学识的增长，他们能更好地理解经典中的智慧，这些经典就蕴藏着丰富的人生幸福的智慧。例如，我在《教育导论》课上就告诉同学们：通过阅读传统文化经典，我们就是请孔子、孟子、老子、王阳明等人作为自己的“导师”，这样的导师是品德高尚的、充满智慧的、值得信赖和尊重的。

第二，我会在课堂上强调这样一个观点：美德是幸福之源，因此立德树人应该成为每个人自己的根本任务，而不是外在的、上级的任务或要求。这样就帮助同学们明确了德育与幸福之间的联系，从而激发大家为自己立德的内在动力。只有每个人都自觉修身立德，才可能真正实现全方位、全过程、全员“三全育人”。

第三，我们也会阐明并强调基于传统文化的幸福观，即“幸福是不断向上向善的心安”。这句话源自孔子“修己以安人”、王阳明“此心安处即是乐也”、

《大学》“大学之道，在明明德，在亲民，在止于至善”、《易经》“自强不息，厚德载物”等论述的启发。这种幸福观的意义在于，它认为幸福不是短暂即逝的，而是持续不断的；不是安逸享乐的，而是向上向善的；不是外在决定的，而是自主可控的；不是少数人专有的，而是人人可求的。如果抱有这种幸福观，就有可能通过教育促进每个人长久的幸福。

有这些经典和观念的引导，效果确实不一样。例如，在《人生修养与学校德育》课后，有同学说：“每周一节的‘幸福课’已经成为我每周的放松时刻。还记得课程刚开始的时候，谈到什么是幸福、什么是爱，大家都有些不知从何说起，有些莫名的羞涩。但其实这样的羞涩和‘难以启齿’，其实也是因为我们在过去的生活中没有认真思考过这些看似宏大和抽象的命题。而这门课上有很多机会让我们去探讨这些与我们息息相关的概念，我也很喜欢每周与大家一同探求幸福之道。”

在《教育导论》课之后，也有同学说：“我很庆幸在北大第一次提及‘幸福’的课堂是文老师的《教育导论》，也非常感激老师能在这个很浮躁内卷的时代节奏中带着我们‘逆行’，去反思和追问幸福是什么、如何才能回归幸福、如何才能让教育带给人幸福。这种对教育意义的探求仿佛将我至今所接受的所有教育都拔高了一个层次，从‘我要去做’变成了‘我为什么去做’以及‘怎样去做’。这种教育方式如同久旱逢甘霖，让我感到幸运和满足。”还有同学说：“课程不仅为我提供了知识，更重要的是它启发了我，帮助我发现了自己，并改变了我的思维方式和生活态度。这不仅仅是一门课程，更是一次深刻的内心探索和成长之旅。课程虽然已经结束，但我的自我探索还将继续。我相信这些收获和改变将伴随我一生，影响我未来的选择和行动，使我成为一个更加明智和幸福的人。”

## 二、立志幸福，志同道合

如何才能够落实幸福教育这一初衷和理念呢？我想给大家分享的第二点就是“立志”。习近平总书记说：“广大青年要肩负历史使命，坚定前进信心，立大志、明大德、成大才、担大任。”其实，古圣先贤也一再教导我们要立志，例如，孔子就认为“三军可夺帅也，匹夫不可夺志也”，王阳明说：“夫学莫先于立志”，“志不立，天下无可成之事”。那么，到底何为“志”？为什么要立志？应该立怎样的志？我会请同学们对这些问题进行反思和讨论。我们发现，一些同学确实从小就立过志，例如要考北大，立志之后也确实能够激励自己更加勤奋努力。但是，在实现志向即考上北大以后，就没有了动力，甚至会得“空心病”。可见这个志还不够高远。

我会进一步引导同学们去思考：人们通常说要找“志同道合”的人生伴侣，那么，在什么意义上理解这个“志同”呢？显然不是学业上都要考取北大清华，不是职业上成为医生、律师，也不是在事业上都要成为名师，最重要的是三观一致，是对人生意义的追求一致。孔子说人有“五仪”，即五种境界：庸人、士人、君子、贤人、圣人。以此为参照，我们至少应该立志成为有德的“君子”。北大教授林毅夫曾言：“只要民族没有复兴，我们的责任就没有完成，只要天下还有贫穷的人，就是我们自己在贫穷中，只要天下还有苦难的人，就是我们自己在苦难中，这是我们北大人的胸怀，也是我们北大人的庄严承诺。”可见，北大人应该有更高远的追求，应该成为“北大人”，这个“北”就是人民的幸福美好生活，“大”就是“成大才，担大任”。

我还会推荐同学们阅读我的一篇文章：《立志是人生最好的礼物》（《中国德育》2018 年第 12 期），其中我结合自己的人生经历分享了对立志的真切的感受，我认为立志是人生最大的战略，是各种人生选择的依据，是奋斗的开始，是动力的源泉，是成功的前提，立志如新生。基于以上这些学习和思考，我会引导每位同学都严肃地立一个可以为之终生奋斗的“德业之志”“人生之志”，同时，我也会要求大家都立一个共同的志向，即立志成为不断向上向善、追求幸福的人。对此，同学们都会乐于接受。这样，我们所有师生就成了“志同道合”者。

这样的立志教育对同学们是有触动和影响的。一位同学反馈说：“印象尤其深刻的是对志向的讨论。……在文老师的鼓励下我立下了自己的志向——要让中国的教育越来越好！也自这节课后，我不断在思考自己要如何去实现这个志向，也更努力用心地过好我的每一天、学好我的每一节专业课，因为要实现这个志向就要从我现在的学习开始，从让自己成为一个更好的人开始。”课后，我也请同学们思考这门课中可能对自己产生长期甚至终身影响的一两句话，同学们说得最多的就是“幸福是向上向善的心安”“立志是人生最好的礼物”“找到北，走向大”“心怀天下，学致精微”“立志如新生”等。我想，如果能通过我的课帮助同学们真正立志，能收获一两句受益一生的话，我就足以感到欣慰了。

**三、事上磨炼，向上向善**

立志只是一个开始，要实现志向就必须在学习和生活中不断“事上磨炼”。在我的课上不要求写论文，也不会进行期中期末考试，而是会布置很多日常小作业，要求同学在学习、生活中觉察、反思、体悟、成长。我把这种课也称为“水课”，但是是上善若水、水润万物、水到渠成的课。以下就是我的课上通常会布置的一些作业（不同的课会有差别）。

（一）经典修心。在本科生的《教育与幸福》课上，我会给每位同学买一本《〈论语〉解读》，还会把《大学》《中庸》《道德经》等经典的电子版发给大家，希望大家每天诵读经典十分钟。这个作业我不会去检查，也没法检查，完全靠自觉。但还是有不少同学真的会去读。例如有位同学就说：由于寝室同学作息时间不同，她只能每天早上在校园的各个角落读书，这也让她看到了北大各处不一样的风景。其实她捧读经典的画面本身也是校园的一道风景。在诵读的基础上，我会再布置一个“每日一句”的作业：同学们按顺序每天一人分享一句《论语》心得。由于每个人一个月才分享一次，大家都非常认真，会选择自己最有感触的话，查阅多种资料，写成文字进行分享。我和其他同学也会适当点评回应。这样，课程微信群中就会每天都有分享、交流。在研究生的《教育导论》课上，我则会要求同学们比较系统地阅读“四书”以及《道德经》《传习录》，并写出读书心得。

（二）幸福日志。我们开发了一套幸福日志，在几乎所有的课上，我都会给每位同学送一本幸福日志，一本可以写 100 天。日志中规定了不少每天的“修身功夫”，包括“强身健体”“读书明理”“觉察幸福”“三省吾身”“日记心得”等。幸福日志是积极心理学研究证实最能提高幸福感的实践工具之一，我们又结合传统文化形成了自己的特色，如增加了“每日一句经典”“吾日三省吾身”（不说谎、不抱怨、不懈怠）等内容。这项作业我也不会去检查，也是靠同学们自觉。实际上大多数同学都能够比较好地坚持，因为，幸福日志确实可以通过反思、记录生活提升人感知幸福、创造幸福、分享幸福的能力。幸福日志记录的内容可以是学习心得、读书笔记、科研灵感，也可以是校园生活、爱情日志等。通过记录，可以让大学生活的每一天都充实、有意义，让每一天都值得被记住、被回忆。这种成长感、收获感就是幸福的重要来源。

（三）幸福家书。我在几门课上都布置过写家书的作业，即要求同学们能够结合自己的经历、学习和思考，给自己家人、母校学弟学妹或其他亲近的人写信，真诚地表达观点、交流思想、提供建议。北大同学本身就是一个榜样，他们也经常会在各种场合分享学习经验。但这些经验其实参差不齐。在我的课上，我就会要求大家在经典学习、课堂讨论的基础上，按照真诚、切己、引导人不断向上向善等要点来写家书，还会围绕一些主题共写家书，例如“何为真爱?”“如何自律?”“如何在高考中培养受益一生的品德?”这些信大多数是真的发出去的，也真的产生了积极的反响，有的中学还把这些信打印出来，给高中生人手一份。有些高中同学还写来了回信。这种影响、帮助他人的成就感也会增进同学们学习的意义感和幸福感。其实，写信的过程就是一次反思、总结、提炼自己思想、观念的过程，在家书活动中受益最大的往往是书写者自己，家书中的建议也会成为他们自己的行动指南。

（四）课后心得。我的课有一个独特的作业，就是每次上完课以后，我都会要求同学们写学习心得：通过今天的学习、交流，你对某个主题有何新的认识？有何新的行动建议或启发？要求上课当天之内完成，300—500 字即可，要求发到课程微信群，供大家交流。通过这一作业，会引导同学们从一开始就认真听课和思考，也会切实增进同学们课堂学习的获得感。如果每堂课都有或多或少的收获和成长，大学生活就会更充实，就不会有空虚和焦虑。我通常都会在当天晚上之前阅读并重点回应这些心得。每次看到同学们的学习收获和思想成长，都会让我由衷地感到自己工作的意义感、幸福感，也会驱散一天的疲劳。当然，为了让同学们确有收获，我也会更认真地去备课，更用心地进行教学设计。这就形成了一个良性循环，从而让学生最主要的学习场所——课堂变成了幸福的来源。

（五）结课心得。在一门课程结束后，我会要求同学写 1500 字左右的学习心得。这是一个总结，也是一次提升。在写课程心得之前，我会要求同学们整理和回顾这门课的所有作业，包括经典阅读、幸福日志、家书、随堂心得等，看看自己的心路历程，通过课程有哪些收获和成长。

通过这一系列的小作业，我希望达成的就是日积月累、润物无声的效果。以我上的八次课的《教育导论》为例，同学们的作业包括：阅读六部经典名著并写读书心得或对同学的心得进行点评；八次课后心得；一次课程的小结；50

天的经典阅读；50 篇幸福日志。加起来就 100 多项作业了。同学们在不知不觉中半学期就至少写了一万四五千字，其中还不包括每天写的幸福日志。所以学生们反馈这个“水课”其实含金量挺高的。例如一位同学就说：“不知不觉中跟随文老师和六位幸福导师的学习之旅即将结束，回首再看这段经典学习之旅中的点点滴滴，不觉让人思绪万千。这短短的半学期学习极大地改变了我的一些观点和认知，让我学会了感悟幸福，也学会了静下心来去品读经典著作。”

**四、真诚交流　共同相长**

充分交流、相互了解是让人产生参与感、安全感并相互启发、共同成长的重要途径。但大学学习中，同学们通常是选课走班，在多数课上同学都彼此都不认识，相互交流非常少。于是，我就在自己的课上尽可能地营造一个能让大家充分交流的平台和氛围，其中包括以下一些尝试：

（一）课前作业互评。在正式上课前，我会布置同学们先自己阅读经典并写读书心得，同时把同学两两配对，一位同学要对另一位同学的心得进行点评回应。通过同学互评的方式，就保证了每个人的作业至少有一人会非常认真地阅读并点评。我经常发现。一个同学的读书心得写了 2000 字，另一同学可能对他的读书心得写了 1500 字的点评。通过这种课前交流，同学们就会非常认真地去对待每一份作业，并从他人的点评中得到反馈和收获。

（二）幸福小班会。每周上课前，请同学们就近组成 4—5 人的小组，用 6—8 分钟时间相互分享一周以来的幸福时刻和收获成长。这一实践不仅有助于提升每位同学感知幸福、分享幸福的能力，也有益于加深彼此了解、增进同学友谊、促进良好班风。

（三）课堂集体答题。每门课我们都会建一个微信群，在课堂上，我会设计很多问题，不少问题我都会要求每位同学都用文字形式参与回答，并发到微信群。这就意味着一次提问全部同学都同时回答。答案可能各不相同，但可以相互启发。我也会从中挑选部分回答进行点评或追问。课后我会请助教把这些课堂交流记录都整理出来，并发给同学们，我自己保存供以后教学参考。这样做的好处就是大大提高了课堂交流的效率，也在不断积累教学资源。

此外，前面已经提及，我们还有每次课后的心得交流和每日一句经典轮流分享活动。这些都大大增加了同学们交流的机会。另外，我还会坚持每天早上6：00在群里向同学们"早安"，或发一句经典原文，部分同学也会互问早安。通过这种方式，就让微信群里更温暖，也可以提醒大家早睡早起。

对于课程交流，有同学反馈如下："在本次课上学到非常非常多。这门课程还让我收获了一份惊喜：就是与大家产生的联结感，这是在其他课程上很少有的。我也从与同学的交流中获得了非常多有关教育和人生的感悟。"

以上就是我通过课程教学开展幸福教育的一些初步尝试。总结下来，最突出的特点可能就是强调美德是幸福之源；注重弘扬传统文化和立德树人；注重让同学们觉察、体证幸福，从而提升向上向善的内在动机。实践表明，这样的课程教学是受到大学生们欢迎的。有同学评论道："我们在这门课上都感觉收获很多，我想其中一个很重要的原因就是老师自己持续不断地在以身作则。文老师身上最打动我的是'诚'这个字。从第一节课开始，老师所希望我们做到的立志也好、阅读经典也好、写幸福日志也好，他都是首先自己带头去做，包括从未有一天缺席的早安问候。因为他自己做到了'诚于中'，才会'形于外'。这也让我们感知到了'诚'的意义并愿意为之努力。"确实，正如《大学》所言："心诚求之，虽不中不远矣。"我想，只要教师是出于真诚地引导学生成长，即便是细节或能力上仍有不足，同学们也是会有感知、感谢并且乐于接受的。《中庸》还告诉我们："至诚无息。"至诚无息、向上向善，这就是我和同学们需要努力的方向。也祝愿大家都带着一颗至诚之心，不断向上向善，收获心安幸福。

# 附录

## 中国教育三十人论坛第十届年会媒体报道（排名不分先后）

| 序号 | 媒体 | 内容 |
|---|---|---|
| 1 | 腾讯 | 直播 |
| 2 | 搜狐 | 1. 著名经济学家汤敏：教育公平的另一端，如何挑选和培养拔尖创新人才？<br>2. 学生负担重、竞争激烈，源头在社会还是在教育？专家热议<br>3. “双减”两年多，专家谈：高中多样化发展是源头减负的关键<br>4. 调查称：双减两年多，师生普遍反映“课后延时服务”让压力与负担加重<br>5. 推动教育评价制度改革，区域、学校、老师如何做？<br>6. 张志勇：以正确的教育政绩观引领教育生态重构<br>7. 杨东平：“减负”面临新的教育背景和社会背景<br>8. 中关村互联网教育创新中心主任杨丹：教育行业如何抓住数字化战略行动契机 |
| 3 | 新浪 | 直播 |
| 4 | 网易 | 中国教育三十人论坛第十届年会在北京举行 |
| 5 | 中国教育报 | 中国教育三十人论坛第十届年会在北京举行 |
| 6 | 中国教师报 | 中国教育三十人论坛第十届年会举行，与会专家呼吁——把“减负”转化为具体的教育实践 |
| 7 | 南方都市报 | 国务院参事汤敏：培养创新人才，教育制度要能呵护怪才、偏才 |
| 8 | 南方周末 | 内卷时代，如何从源头给教育减负？ |

（续表）

| 序号 | 媒体 | 内容 |
|---|---|---|
| 9 | 财新网 | 孩子们为何还在做鸡兔同笼数学题? |
| 10 | 21世纪经济报道 | 中国教育三十人论坛第十届年会热议：教育源头减负、尖子生特殊选拔、高中多样化发展 |
| 11 | 界面新闻 | “双减”落地两年半，如何从源头减负? |
| 12 | 中国青年报 | 智能时代呼唤面向青少年的智能教育和生态 |
| 13 | 澎湃新闻 | 专家谈“教育减负”：学生负担重的源头在社会，不在教育 |
| 14 | 人民日报民生周刊 | 聚焦“教育高质量发展”，中国教育三十人论坛第十届年会举行 |
| 15 | 中国网 | 聚焦“教育高质量发展”，中国教育三十人论坛第十届年会举行 |
| 16 | 环球网 | 聚焦“教育高质量发展”，中国教育三十人论坛第十届年会举行 |
| 17 | 未来网 | 聚焦“教育高质量发展”，中国教育三十人论坛第十届年会举行 |
| 18 | 光明日报 | 待发 |
| 19 | 现代教育报 | 初中课业负担依然重? 专家谈教育如何实现源头减负 |
| 20 | 凤凰网 | 聚焦“教育高质量发展”，中国教育三十人论坛第十届年会举行 |
| 21 | 中国科学报 | 中国教育三十人论坛第十届年会在京举行：学者建议以法律保障拔尖创新人才选拔、培养 |
| 22 | 经济观察报 | “双减”实施两年后，中国教育三十人论坛第十届年会重谈教育减负 |
| 23 | 中国教育在线 | 聚焦“教育高质量发展”，中国教育三十人论坛第十届年会举行 |

（续表）

| 序号 | 媒体 | 内容 |
| --- | --- | --- |
| 24 | 大众网 | 1. 聚焦“教育高质量发展”，中国教育三十人论坛第十届年会成功举办<br>2. 顾明远：信息技术正在改变教育方式，但立德树人的本质不变<br>3. 实现教育高质量发展，从源头上落实“教育减负” |
| 25 | 新京报 | 中国教育三十人论坛年会举行，专家呼吁重构教育生态 |
| 26 | 中国日报 | 中国教育三十人论坛第十届年会在北京举行 |
| 27 | 中国教育电视台 | 中国教育三十人论坛第十届年会：聚焦“教育高质量发展” |
| 28 | 北京晚报 | 专家建议：实行“源头减负”，适时取消中考 |
| 29 | 教育头条 | 聚焦“教育高质量发展”，中国教育三十人论坛第十届年会举行 |
| 30 | 中国妇女报 | 重构教育生态促进教育高质量发展 |
| 31 | 中国社会科学报 | 中国教育三十人论坛第十届年会在北京举行 |